非営利組織論

田尾雅夫・吉田忠彦 [著]

はしがき

　企業だけが組織，または経営体ではないことは，当然といえば当然であるが，承知していない人も意外と多い。経営学の主たる研究領域は，私企業であると主張する研究者もまだ少なくはない。この社会には，真正面から経営，そして管理に向き合わなければならない組織は，企業以外に浜の真砂のようにある。有象無象といってもよい。政府や地方自治体，第三セクターともいわれる公営企業，病院や福祉施設，そして，公益法人，本書で取り上げるNPOやNGO，ボランティア活動など市民活動の団体といった具合である。そのそれぞれには行政学や行政管理，病院管理，福祉施設管理など個別に対応する経営論，または組織論がある。それにしてもというべきであるが，それらの領域に比べると，市民活動のための組織論は成り立つのが遅く，近年になってようやく，体系的な議論が試みられるようになった。

　本書は，NPOやNGO，ボランティア団体，さらに広義には市民活動の領域を，どのように組織化して経営管理の対象とするかについて，体系的な議論を試みている。近年，関心の広がりもあって類書も多く刊行されるようになった。しかし，その多くは，伝統的ともいえる経営学の論理をそのまま適用して論じるか，その逆に，経営などには関心を向けようとしない政策だけの論理を展開する著書である。市民の主体的で自主的な，そして利他的な活動に，経営管理の概念をそのまま当てはめることは，議論自体を歪めることになると危惧されるが，逆に経営不要論を仄めかすこともまた，極論であるとしたい。議論を重ねるうちに，間合い

i

のよい中庸というべきか，一方に偏しない論理ができあがることであろう。本書の狙いは，そこにある。経営学の用語用法に従いながら，それらを適時，変容させながら市民活動の組織の，経営管理の可能性と意義を明らかにしたい。本書の意図はそのことに尽きるといってよい。

　筆者らはともに，早い時期から非営利組織には関心を向けてきた。理論的な進化の過程を，ボランティア元年といわれるはるか以前から見続けてきた。そのためか，市民活動の組織論には，過剰な期待は慎むべきであるし，逆に，意義が乏しいとして捨て去ることも妥当とはいえないという思いは誰よりも強いと自負している。ということは，他の，たとえば企業などの組織に比べての非営利組織の特異性について，ある程度は的確に指摘できそうではある。その特異なところを引き伸ばせば，あるいは拡張できれば，もう1つの，オルタナティブな経営学，あるいは組織論が成り立つ可能性もありうるのではないか。

　阪神・淡路大震災のような大事件が記憶の彼方に去れば，非営利組織への熱意も冷めてしまいそうであるが，行く手には，この組織をいっそう欠かせないとする社会が待ち構えている。超高齢社会，グローバリゼーション，そして高度情報化社会である。デジタル・ディバイドなどは示唆的であるが，この社会でいっそう格差が広がることが懸念されている。貧富の格差が今以上に広がれば，この社会が崩壊することもありうるのではないか。この社会を存続させるために，できれば貧富の格差のない社会にするためには，営利追求を目的とする企業とは別に非営利組織がいっそう欠かせないものとなる。オルタナティブな経営学が欠かせなくなるのである。本書が，そのためのガイドブックになればと願い

たい。

　本書では，いわゆる NPO などの呼称は避けて，タイトルも本文中の記述も非営利組織で一貫させた。それは，ボランティア活動を越えて，広く市民活動の組織を概括したいためである。必要があれば，その周辺に無限に広がる関連のある組織も，その枠組みに入れ込むことも可能性として考えておきたいという願いがあり，期待がある。営利の組織ではなく，それに対置される非営利の組織が，この社会の最前線で活躍することが期待されるという意味で，今の，そして，近未来の社会のための非営利組織の経営学，または組織論を構想したいのである。

　なお，吉田が，非営利組織のマクロ的といえばよいか，制度論的な，戦略論的な部分を担当し，田尾が，ミクロ的，行動論的な部分を担当し，相互に得意なところを活かしあいながら本書はできたといえる。その意味では，この領域での不可欠な知見はほぼ網羅できていると考えたいが，読者の評価を待ちたい。

　　2009 年 9 月

田　尾　雅　夫
吉　田　忠　彦

著者紹介

田尾 雅夫（たお まさお）　　　担当：第2～4章1～4, 第8章
1946年生まれ
1970年, 京都大学文学部卒業
1975年, 京都大学大学院文学研究科博士課程（心理学）修了, 博士（経済学）
　京都府立大学文学部講師, 京都大学大学院経済学研究科教授, 愛知学院大学経営学部教授などを経て,
現在, 京都大学名誉教授
専攻, 公共管理論, 経営管理論, 組織心理学
主要著作
　『組織の心理学（新版）』（有斐閣, 1999年）,『ボランタリー組織の経営管理』（有斐閣, 1999年）,『実践NPOマネジメント』（ミネルヴァ書房, 2004年）,『ボランティア・NPOの組織論』（共編, 学陽書房, 2004年）,『自治体の人材マネジメント』（学陽書房, 2007年）,『顧客満足を実現するためのモチベーション・アップ法』（PHP研究所, 2007年）,『セルフヘルプ社会』（有斐閣, 2007年）,『公共経営論』（木鐸社, 2010年）,『組織論（補訂版）』（共著, 有斐閣, 2010年）,『市民参加の行政学』（法律文化社, 2011年）,『現代組織論』（勁草書房, 2012年）,『公共マネジメント』（有斐閣, 2015年）など

吉田 忠彦（よしだ ただひこ）　　担当：第1章, 第4章5, 第5～7章
1959年生まれ
1982年, 近畿大学商経学部卒業
1988年, 近畿大学大学院商学研究科博士後期課程修了, 修士（商学）
　近畿大学豊岡短期大学専任講師, 近畿大学商経学部助教授などを経て,
現在, 近畿大学経営学部教授
専攻, 非営利組織論, 公企業論, 経営戦略論
主要著作
　『実務必携公益法人』（共著, 運輸政策研究機構, 1999年）,『NPO・福祉マネジメントの理論と実践』（共著, 日総研出版, 2000年）,『ボランティア・NPOの組織論』（共著, 学陽書房, 2004年）,『地域とNPOのマネジメント』（編著, 晃洋書房, 2005年）,『よくわかるNPO・ボランティア』（共著, 学陽書房, 2005年）,『市民社会創造の10年』（共著, ぎょうせい, 2007年）,『ボランティアの今を考える』（共編, ミネルヴァ書房, 2013年）,『NPO支援組織の生成と発展』（有斐閣, 2024年）など

目　次

第1章　非営利組織とは何か　　1
その定義と役割

1 **非営利組織の定義** …………………………………………………………… 1
　●ボランティア，NPO法人，NGOの違い
　　非営利組織とは(1)　　非営利組織の定義(3)　　非営利組織と他の組織(4)　　非営利組織の位置づけ(7)　　ボランティアと非営利組織(9)　　NGOと非営利組織(11)

2 **社会的・経済的役割を考える** ……………………………………………… 13
　●非営利組織の存在理由
　　経済学の説明(13)　　非営利組織の役割(16)

3 **制度としくみ** ………………………………………………………………… 18
　　法人の種類(18)　　法人の機関(20)　　ガバナンス(20)

4 **さまざまな組織形態** ………………………………………………………… 22
　　多様な側面とよび方(22)　　ネットワークと非営利組織(23)　　より多様な組織(26)

第2章　非営利組織を立ち上げる　　31
組織としてのあり方

1 **組織として立ち上げる** ……………………………………………………… 31
　　立ち上げの前提(31)　　ボランタリズムとは(32)　　組織の成り立ち(33)　　組織への成長(34)　　具体的な成長モデル(37)

2 **非営利組織における起業家** ………………………………………………… 38
　　アントレプルナー(38)　　アントレプルナーの役割(39)　　起業家から経営者へ(43)

3 **組織としての発展と挫折** …………………………………………………… 44
　　代継承の重要性(44)　　発展途中での挫折(46)　　組織であるために(47)

4 **組織としての成熟** …………………………………………………………… 49

ビュロクラシーの採用，または構造化(49)　　中心性，複雑性，公式性(50)　　組織としての成熟(51)　　発達の限界(54)　　ネットワークとしての組織(56)

第3章　非営利組織を動かす
ガバナンスの機能　　59

1 組織としての特異性 ……………………………………………… 59
　サービス組織として位置づける(59)　　組織としての特異性(62)

2 ガバナンス ………………………………………………………… 64
　ガバナンスとは何か(64)　　ガバナンスとマネジメント(65)　　合理性とは(66)

3 ミッションの確立 ………………………………………………… 68
　ミッションの役割(68)　　ミッションの意義(68)　　ビジョンとの相違(70)　　ミッションの構築(72)

4 ミッションの変容 ………………………………………………… 73
　ミッションの純化(73)　　便宜としてのミッション(74)　　メタ・ミッション(75)　　ミッションの変更(76)

5 ミッションとボードによる管理 ………………………………… 78
　ミッションの維持(78)　　ボードによるガバナンス(79)　　好ましいボードとは(81)

第4章　非営利組織を機能させる
管理の構造　　85

1 管理の基礎 ………………………………………………………… 85
　アドホクラシー(85)　　非営利組織におけるマネジメントの短所と長所(87)　　営利組織との競合(88)　　ナーシング・ホームの場合(91)

2 マネジメントの独自性 …………………………………………… 92
　マネジメントの工夫(92)　　ミッションの周知徹底(93)　　イデオロギーによる理論武装(94)　　境界関係の維持(96)

3 マネジメント・コントロール …………………………………… 97

　　　　意思決定の現場化(97)　　コミュニケーションの横への広がり
　　(99)　　ネットワークの展開(100)

4 人的資源の管理 ……………………………………………………………… 101
　　リーダーシップ(101)　　現場の優位(103)　　組織均衡(105)
　　去る者は追わず，しかし(106)　　主体性ということ(107)

5 非営利組織における会計 …………………………………………………… 108
　　会計情報の役割(108)　　活動や内部状況を示す基本情報(110)

第5章　非営利組織を活かす　　　　　　　　　　　　　　113
　　　　　　　　　　　　　　　　　　　　　経営戦略の策定

1 組織と環境 …………………………………………………………………… 113
　　環境とは(113)　　環境適応とは(116)

2 マネジメントの視点から見た非営利組織の特徴 ………………………… 118
　　民間組織としての自力経営(118)　　ミッションによる事業の
　　固定(119)　　明確な業績尺度の欠如(120)　　サービスの受け
　　手と支払い手の分離(121)　　資源ソースの多様性(123)

3 非営利組織の行動を規定する3つのベクトル ……………………………… 125
　　ミッションというベクトル(125)　　政府による調整(126)
　　組織の慣性(126)　　3つのベクトルのバランス(127)

4 経営戦略のパターン ………………………………………………………… 128
　　事業構造の戦略(128)　　競争戦略(129)　　協調戦略(132)

5 ネットワーク形成戦略 ……………………………………………………… 133

6 戦略としてのネットワーク ………………………………………………… 136
　　組織とネットワークのSWOT分析(136)　　ネットワークの範
　　囲(139)

第6章　社会との関係をつくる　　　　　　　　　　　　　145
　　　　　　　　　　　　　　　　　　　パートナーシップの構築

1 非営利組織とパートナーシップ …………………………………………… 145
2 行政との連携 ………………………………………………………………… 147
　　行政と民間との役割分担の変動(147)　　行政と非営利組織と

の関係のパターン(149)　　行政のアウトソーシング(151)
行政と非営利組織のパートナーシップ(153)

3 企業との関係 ……………………………………………………………… 155
企業の社会的責任論(156)　　企業の非営利組織との競合(158)
CSR と非営利組織(159)

4 プラットフォームとしての非営利組織 ……………………………… 160
ステークホルダーへのオープン性(160)　　リソースの多様性(162)　　協働的活動の受け皿(162)　　マルチ・セクターのプラットフォーム(165)

第7章　組織として維持する　　　　　　　　　　　　　　167
資金調達と評価システム

1 財源の確保 ……………………………………………………………… 167
経営資源の調達(167)　　財源の多様性(168)　　財源確保のための活動(171)　　ファンド・レイジング(173)　　財源確保の手段としてのイベント(176)　　財源確保の手がかりとしての理事(177)

2 多様な評価法 …………………………………………………………… 179
評価の主体と目的(179)　　評価の具体的項目(181)

3 評価のフィードバック ………………………………………………… 183
評価とフィードバックの意義(183)　　評価のプロセスの意義(185)　　人びとのコミットを引き出すために(186)

第8章　非営利組織の今後を考える　　　　　　　　　　　189
その将来像と課題

1 なぜマネジメントは必要か …………………………………………… 189
超高齢社会の到来(189)　　マネジメントの重視(190)　　マネジメントへの意志(191)

2 組織の変革 ……………………………………………………………… 193
変革の視点(193)　　名声の獲得(195)　　現実直視の組織化(197)

3 今後の課題 ……………………………………………………………… 199

ボランティアの限界(199)　　人材として活かすために(202)　経営革新の理論構築のために(204)　　市民社会のさらなる成熟のために(208)

引用・参考文献 ———————————————————— 211

索　引 ———————————————————————— 217

Column 一覧
① 市民 NGO 企業「大地を守る会」 …………………………………… 12
② 特定非営利活動促進法と日本 NPO センター ………………………… 25
③ 非営利組織が活動を続けることの意味 …………………………… 46
④ ボードの役割 ……………………………………………………… 80
⑤ 非営利であることの利点 ………………………………………… 89
⑥ アメリカの巨大非営利組織　AARP ……………………………… 115
⑦ イギリスの地域戦略パートナーシップ …………………………… 154
⑧ パブリック・サービス・カンパニー　サーコ社 ………………… 157
⑨ 超マネジメントの世界 …………………………………………… 163
⑩ ある非営利組織の悲劇 …………………………………………… 175
⑪ 市民社会とともにある非営利組織 ………………………………… 207

〈写真提供〉
毎日新聞社

本書のコピー，スキャン，デジタル化等の無断複製は著作権法上での例外を除き禁じられています．本書を代行業者等の第三者に依頼してスキャンやデジタル化することは，たとえ個人や家庭内での利用でも著作権法違反です．

本書の使い方

本書の特徴 本書は，大学の学生や非営利組織に関心をもつ人びと，実際にかかわっている人びとを読者対象としています。組織論や経営学の知見に基づき網羅的に解説した決定版のスタンダード・テキストです。本書では，経営管理に関するミクロ的な内容と，戦略やパートナーシップなどマクロの議論を盛り込み，体系的に構成することによって，読者の理解をより深めることをめざしました。しっかり学びたいという読者の学習ニーズに確実に応えるように構成しています。

本書の構成 本書は，8章から成り立っています。第1章では，まず非営利組織の定義，役割，制度などを解説し，その多様な側面をとらえます。以下，組織の成長プロセスに沿って説明されます。第2章では組織としての立ち上げ，第3章ではガバナンスとミッション，第4章では管理や会計，といったミクロにおける特徴が明らかにされます。第5章では経営戦略，第6章では行政や企業とのパートナーシップ，第7章では資金調達と評価，といったマクロの側面が解説されます。最後に第8章では，非営利組織の将来像と今後の課題が展望されます。

各章の構成 各章は，「本文」「*Column*」「練習問題」「より深く学ぶために」で構成され，複合的に理解できるように組み立てられています。本文の中でゴチック（太字）になっている言葉は，非営利組織を理解するために重要となるキーワードです。各章に，*Column* が組み入れられています。本文の内容に関連した興味深いテーマやトピックスや事例について，より踏み込んで解説しました。章末に，「練習問題」「より深く学ぶために」が用意されています。さらに理解を深めるための問題と，より進んだ学習のための参考文献が挙げられています。文献には専門的な学術書も含まれていますが，本書を読まれた後に，ぜひチャレンジしてみてください。

引用・参考文献 巻末に，各章で引用・参照された文献が一括して載っています（本文中では，著者名［発行年］で略記しています）。日本語文献（五十音順），欧文文献（アルファベット順）の順序で並んでいます。

索　引 巻末に，キーワードを中心とした基本的なタームを引けるように，索引を精選して用意しました。より効果的な学習にご利用ください。

第1章 非営利組織とは何か

その定義と役割

阪神大震災の被災地で炊き出しをするボランティアたち（1995年2月）

1 非営利組織の定義

●ボランティア，NPO法人，NGOの違い

非営利組織とは　非営利組織（nonprofit organization）とは，文字どおりには「営利に非ざる組織」となるが，もう少し具体的には，「営利を主目的にしない民間の組織」を指す。つまり，まず民間の組織であって，そして営利以外の主な目的があり，営利活動も許されているものの，その利益を組織メンバーに分配することが禁じられている組織である。

しかし，これは形式上の定義であり，単に民間で営利を目的としないというだけではなく，非営利組織はそれぞれが明確なミッ

ション（使命）をもっており，その実現のために何らかの事業活動を行う組織である（ミッションに関しては第3章参照）。つまり，非営利組織という言葉は，営利追求以外のそれぞれのミッションと目標をもって事業活動を行っているさまざまな組織を，ひとくくりにまとめて表現したものなのである。そういう意味では，非営利組織はミッションにもとづいた組織（mission based organization）であるということもできるだろう（島田［2003］）。

ただし，以上のような定義も絶対的なものではない。時代，国，場面によって異なる場合があり，さらに研究分野によってそれぞれの定義がなされることもある。

たとえば，非営利組織を「非営利目的」という部分だけでくくると，行政機関，町内会などの地縁団体，家族とか親類などの血縁関係，さらにはその場かぎりのほとんど集会のようなものまで含まれることになる。「非営利目的」というだけでは，営利を目的とする組織以外のすべての人の集まりを指すことになるので，非常に広くなってしまう。経営学では，営利という非常に明確で，また強い動機となる目的をもつ企業を主な対象にするので，それとは異なる原理で動く諸組織を，営利目的とする企業と対照して研究することが目的であるのならば，このような広い定義でもよいのかもしれない。

とはいえ，これではあまりに広すぎるので，「組織」であることを少し強調して，非営利目的の事業活動を，継続して行う事業体を対象とすることにすると，家族とかその場かぎりの集会のようなものは除外される。しかし，それでも，営利を目的としない行政サービスを提供する行政機関は含まれてしまう。実際，民間の非営利目的の組織と行政機関の活動分野は重なることも多く，

さらに民間の非営利目的の組織には、国や地方自治体（都道府県や市町村）からの補助金や委託事業費が入っている場合があり、それらの資金の使い方や会計のルールは行政機関と同じである。そもそも会計のルールということならば、非営利目的でも、営利目的でも、同じであるべきかもしれない。

しかし、経営や組織の運営という視点から見る場合には、民間であるか、行政のような公的部門であるかによって大きな違いがある。同じような対象に、同じようなサービスを提供している場合でさえ、民間の組織と公的部門の組織では大きな違いがある。民間の組織は、ある事業を自らが意思決定して行い、自らがすべての責任を負う。そしてそれに必要となる資金や人材も自力で集めなければならない。それにたいして公的部門の組織は、その事業を行うかどうかなどの意思決定は、多くの場合は議会など、その組織より上位の意思決定機関が行う。そして必要な資金や人材などの資源も、自らが集めたり、自らの事業の成果によるのではなく、多くの場合、税金など法律に裏づけられた公的な制度によって確保される。

経営や組織の運営、あるいはそれを土台とする組織の行動を考える場合には、民間の組織と公的部門の組織との違いは、無視することはできない。

非営利組織の定義　このように、組織のどのような側面を重視するかによって、非営利組織を規定する基準は異なってくる。また、非営利組織に関する法律も、新たなものが加えられたり、改正されたりするため、非営利組織の定義は時代とともに変化するといえるだろう。

本書では、非営利組織の経営や組織行動などを中心に見ていく

ことを前提として，とりあえず非営利組織を，「営利を主目的にしない民間の組織」と定義しておく。このような形式的で，しかも暫定的な定義とする理由は，現実にはさまざまな例外や，どちらとも区別しがたい境界線上にあるようなもの，さらには混合体などが存在し，しかもそれらが重要な意味をもっていることがあるのと，時代によって境界線自体が動くためである。本書では，典型的な非営利組織だけではなく，周辺的なものについても解説する。

非営利組織と他の組織

「営利を主目的にしない民間の組織」という非営利組織の定義には，所有形態としての「民間」という要素と，目的としての「非営利」という要素とが含まれている。つまり，所有の次元と，目的の次元から定義づけているのである。この2つの次元を利用して，組織全体の中での非営利組織の位置をたしかめておこう。

所有の次元は私的（民間部門）と公的（公共部門）に，目的の次元は営利と非営利にそれぞれ分けることができる。この2つの次元の組み合わせによって，組織を4つの類型に分けたのが図1-1である。

経営学の対象として最もポピュラーなのが，Ⅰの私企業である。資本主義あるいは市場経済の主役といってもよいだろう。実際，数の上でも圧倒的に多い。この対角に位置するⅣが，いわゆる行政の世界である。

行政機関の管理については，これまで主に行政学で扱われてきた。しかし，経営が営利事業の管理（business administration）で，行政が公的な事業の管理（public administration）であるとすると，設定された事業をいかに効率的にすすめるかということを課題と

図1-1 所有と目的による組織の類型

	所有 私	所有 公
目的 営利	I 私企業	II 公企業
目的 非営利	III **非営利組織**	IV 行政機関

する管理（administration）という次元では，両者は共通しているともいえる。とはいえ，行政の活動には社会政策的な要素も必要であり，単純に効率性だけを追うわけにはいかない。そのような行政意図や政治的視点に立った上位のレベルの意思決定については，前述のとおり，議会などに委ねられ，執行機関としての組織では，そのような上位機関における意思決定にもとづいて，そして税金を資源としている公的機関として，公平性・平等性を原則に事業が推進されるのである。

この私企業と行政が，資本主義の社会においては，人びとの生活に必要な財（モノ）やサービスを提供する主要な主体であり，人びとはこれらの組織から財やサービスの提供を受け，同時に会社員（または事業者）か公務員として，これらの組織で働く。経

済学では,企業を生産主体,家計を消費主体として,この両者間の貨幣と財・サービスの交換関係を経済循環として理論を展開する。そして,この企業と家計との交換は,市場メカニズムに委ねられるとする。しかし,すべてが市場メカニズムに乗るわけではないので,市場の失敗(本章第2節参照)が生じるものについては,政府が補完するとしている。

　たしかに,われわれは必要なモノやサービスのほとんどを,お金を出して企業から買い,教育や医療などのお金儲けにそぐわないサービスについては,国や自治体に頼ることが多い。しかし,実際にはわれわれは,企業と行政のどちらでもない組織にもかなり依存しており,しかもその割合は増大し続けている。会社員(または事業者),公務員といった職名でいえば,団体職員として働く人の数は確実に増えており,生活者としてのわれわれが,私企業でも行政のどちらでもない組織からサービスを受けたり,それらとかかわる機会も増え続けているのである。そのような私企業でもなければ行政でもないという組織の類型が,図1-1のⅡとⅢである。

　Ⅱの公的所有でありながら営利を追求するという組織は,公企業とよばれている。具体的には,国有企業(公共企業体),地方公営企業などである。かつて三公社といわれた日本国有鉄道(現在のJR各社),日本電信電話公社(現在の日本電信電話株式会社；NTTグループ各社),日本専売公社(現在のJT；日本たばこ産業株式会社)は国有企業であった。行政改革の進行にともなって廃止の方向に向かっているが,特殊法人と通称される国が特別の法律を個別につくって設立した法人の多くも公企業である。また,それぞれの自治体で,受益者が特定されるために受益者負担で料金

を徴収する事業は，地方公営企業とよばれる。たとえば，水道局，交通局，清掃局といったもので，利潤極大化を目指すという意味での純粋な営利目的とはいえないものの，独立採算を前提に行政本体から分離され，将来にわたって事業を継続していくための必要な資金の確保を目指して経営されている。

> 非営利組織の位置づけ

そしてⅢの，民間でありながら営利を目的としないものが非営利組織である。ここには，日本の法人制度でいえば，一般法人法にもとづく一般社団，一般財団，そのうち公益法人認定法（公益社団法人及び公益財団法人の認定等に関する法律）により認定を受けた公益法人（公益社団，公益財団），民法の特別法である社会福祉法による社会福祉法人，私立学校法による学校法人，宗教法人法による宗教法人，更生保護事業法による更生保護法人，特定非営利活動促進法による特定非営利活動法人（NPO法人）などがある。また，公益追求を目的としないものの，営利を目的としないということでは，協同組合や共済組合などの中間的な法人も含めることができるだろう。

法人に関する理論的な定義では，利益を組織メンバーに分配することが制度的に禁じられている，あるいはできなくしてある団体が非営利法人であるとされているため，利益を組合員に分配することが可能な協同組合などは，理論的には非営利法人には含められない。しかし，実態として利益が分配されることがなく，地域における人びとの生活の維持を目的として事業活動を行う協同組合などは，実質的には非営利組織と見なすことができる。とくにヨーロッパにおいては，このような性質の協同組合や共済組合，そして社会的企業とよばれる地域や社会への貢献を目的として事

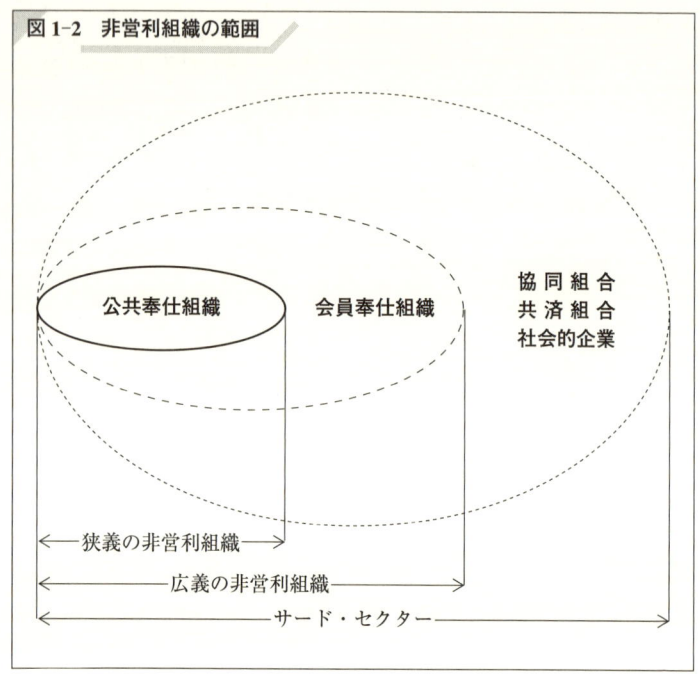

図1-2 非営利組織の範囲

業を行う団体は，無視できないものとなっている。それらを総称して社会的経済とよび，そして非分配拘束のある非営利組織とこれらの社会的経済とをあわせてサード・セクターとする論者もいる（Evers and Laville [2004]）。

また，その活動の目的が公益的であるものは，公益的組織あるいは公共奉仕組織，そして組織メンバーの便益を追求するものは共益的組織あるいは会員奉仕組織という分け方がされる場合もある。広義にはこの両者を含んで，狭義には前者に絞って非営利組織とされる。図1-2は，以上の非営利組織の範囲の概念を整理したものである。

日本においては，非営利組織でも **NPO** と略称される場合には，

営利は目的としないが，公益追求も目的としない共益型のものは除外されることが多い。逆に，法人格としては株式会社などの典型的な営利法人であっても，組織の目的が公益的なものであればNPOとされることもある。さらに，公益的な民間組織であっても，行政が設立した外郭団体などはNPOからは除外される。要するに，日本でNPOという場合には，非営利組織で公益的な狭義のものであって，さらに民間の自発性を本質とするものを指していることが多い。

ボランティアと非営利組織

非営利組織と関係が深く，しばしば混同されることもあるのが，ボランティアとNGOである。それらは，ほとんど同じという場合もあれば，明らかな違いを見せる場合もある。非営利組織の定義が時代，国，場面によって異なる場合があったのと同じように，ボランティアとNGOについても，場合によってその意味するところが異なってくるため，非営利組織，ボランティア，NGOの3者の関係も，常にはっきりと区別できるとは限らない。

ボランティア（volunteer）は，「～を望む」「～をしたいと思う」という意味のラテン語であるvoloから派生した言葉であり，本来は志願者，有志者，志願兵といった意味をもっている（ボランティアに関しては第2章第1節も参照）。「自らすすんでする」「自発的な」という意味のvoluntaryという言葉を，人を表す名詞にしたものである。英語の会話では，自己紹介や発言などを促す際に "Any volunteers ?" とごく一般的に用いられる言葉でもある。

日本では，ボランティアは，もはやカタカナ表記される外来語として定着している。そしてそれは，自発的に活動を行う人という意味のほかに，ボランティアが携わる活動を指して使われるこ

とも多い。さらに、この言葉の本来の意味である自発性以上に、無償性を強調した言葉として一般化している。そのため、学校や職場でほとんど強制的に行わされる無償の奉仕活動もボランティアとよばれる。

いずれにしても、ボランティアという言葉は、本来は自発的に活動を行う個人を指すものである。そしてそのボランティアが行う自発的活動には、善意、奉仕、公益といった要素が含まれる。ただし、善意や公益といっても、それはあくまでも主観的なものにすぎず、独善的になっていることもあれば、それぞれが善意でありながら、ボランティア間で対立する場合もある。ボランティア活動を行う人の意図が善意や公益であっても、価値観や考え方はそれぞれで異なることがあり、そもそも本当にそれが善なのかどうか、人の役にたつものなのかどうかはわからないのである。

そうした個人であるボランティアも、実際に活動を行う場合には、グループ単位で活動を行うことが多く、また、ボランティアを求める人とボランティアとをマッチングさせたり、ボランティアを支援するセンターに登録し、その支援を受けながら活動することが多い。そういう意味では、ボランティアはあくまでも個人を指すものの、実際にはグループや組織と何らかのつながりをもちながら活動することが多い。

また、非営利組織の多くも民間の自発性にもとづいて設立されるため、そうしたボランタリー組織としての非営利組織には、ボランティアと共通する精神が底流にある。ボランティアのグループが非営利組織へと発展することも多い。さらに、ボランタリー組織としての非営利組織にとっては、人的資源としてのボランティアが不可欠となっているし、財務資源としての寄付や会費の

提供者もボランティアと考えることができる。

NGO と非営利組織

一方、**NGO** は、non-governmental organization の略語である。文字どおりには非政府組織であり、政府以外のすべての組織を指してしまうことになるが、実際にはこれも営利を目的としたものは含まない。つまり、NGO も「民間の営利を主目的にしない組織」であり、理屈では非営利組織と同じものということになる。しかし、非政府という点を強調しているところに NGO の特徴がある。

NGO は、その活動の目的や舞台が特定の政府とは独立しているもので、国際的に活動する民間団体であるというのが一般的な認識である。具体的には、人権、人道的救済、開発援助、環境保護、文化交流、平和と軍縮などが主な活動分野である。しかし、必ずしも国際的な活動を行っていない団体でも、このような分野で国や企業などから独立して活動を行う団体は、NGO とされることもある。日本においても、NPO という言葉がまだ登場していなかった頃には、政府から独立して活動する市民活動団体を NGO とよぶことがあった。また、団体によって活動分野がさまざまであるため、国際協力 NGO とか、環境 NGO というように、活動分野とあわせたよび方をされることもある。

non-governmental organization という言葉自体は、1945 年 10 月 24 日に発効された国際連合憲章の第 71 条の中にすでに見られる。それは「経済社会理事会は、その権限内にある事項に関係のある民間団体（non-governmental organizations）と協議するために、適当な取極を行うことができる」というもので、国連の本来の構成メンバーは独立国であるが、事項によっては独立国以外の、つまり非政府の組織と協議することを示したものである。そうした

Column ① 市民 NGO 企業「大地を守る会」

　かつて学生運動家だった藤田和芳氏は，サラリーマン生活にもの足りなさを感じる中，農薬を使用しないミネラル農法を説く医師に出会い，それがきっかけとなり，無農薬野菜の販売に携わることになった。無農薬野菜の販売に協力してくれると期待していた生協が，生活者の側に立ち，価格の高い無農薬野菜を受け入れてくれなかったことから，自ら軽トラックに野菜を積んで団地で販売するようになる。その後，青空市で無農薬野菜を売りながら，生産者と消費者を結ぶ有機農業運動を実践していく。そして，1975年8月に「大地を守る市民の会」を設立する。

　2年で年間売上げが1000万円になるまでに成長し，1977年にはビジネス部門として「株式会社　大地」を設立する。株式会社にしたのは，任意団体では個人名でしか銀行口座をつくれないなどの弊害があったことや，株式会社が株主にたいして責任説明が明確であるため，株主になれば生産者も消費者も，対等な立場で組織に意見を反映させることができると気づいたからである。

　その後も，全国各地の生産者と消費者のネットワークを広げながら，2008年3月期の売上げは143億円，生産者会員2500人，消費者会員8万5000人の規模となっている。これらの事業活動と同時に，自らを「市民NGO企業」と称して，有機農業運動を中心に，THAT'S国産運動，100万人のキャンドルナイト，フードマイレージ・キャンペーン，アジアへの開発基金，パキスタンでの学校支援運動など，さまざまな市民活動にも積極的な取組みを行っている。なお詳しくは，藤田［1995］［2005］参照のこと。

国連で協議の場に参加できる非政府の組織は，国連に登録されるようになった。これらは，国連NGOとよばれることもある。今日では，国連での協議資格をもつもの以外の団体もNGOとされ，

その数は世界中で1万とも2万ともいわれている。

　NGOとはこのように，政府から独立して活動するという，組織の性質を表したよび名であり，直接には法人格とは関係しない。したがって，NGOには公益社団・公益財団や特定非営利活動法人などの法人格をもつ団体もあれば，法人格自体を意図的にもたない団体もある。

　単に政府から独立して活動するというだけでなく，営利を目的とせず，自分たちの使命と考える活動を積極的に展開する組織であるために，NGOも非営利組織であるともいえる。つまり，概念的には非営利組織の方が広く，その中で政府との独立性を強調したものがNGOといわれることになる。しかし，非営利組織やNPOという言葉よりも，NGOという言葉の方が早くから普及していたことや，NGOの場合の方が分野が絞られているということもあり，NGOは非営利組織とは別のものとして考える立場の人もいる。慣例としては，海外で国際協力や環境問題などの活動をする民間団体がNGOで，国内で営利を目的としない活動を行う民間団体が非営利組織，あるいはNPOとされることが多い。

2　社会的・経済的役割を考える
●非営利組織の存在理由

経済学の説明　　市場メカニズムを原則とする資本主義の社会に，なぜ非営利組織が存在するのかという疑問に答えるのは，経済学では大きな課題だった。経済学では，家計，企業，政府の3者を経済主体として体系を構築してきたため，それから外れている非営利組織が存在する理由を説明

することが難しかったからである。

　そこで，これまでの経済学の理論を応用する形で，非営利組織の存在理由の説明が試みられた。それは市場の失敗の議論をあてはめたものだった。つまり，ある種の市場においては何らかの理由で市場メカニズムがうまく働かないために，それを補完するために非営利組織が存在するというものである。

　それはたとえば，サービスの受け手とサービスの支払い手とが分離している状態であり，海外援助活動などで典型的に発生する。紛争や自然災害などによって飢餓に苦しむ現地の人たちにたいして，緊急援助活動として食料や医薬品を配布する活動は，そのサービスの受け手からはお金を受け取ることはなく，活動に協力しようという国内の人びとの寄付や会費によって費用が賄われている。しかし，遠く離れた海外での援助活動の実態を，寄付者が観察したり，チェックすることは難しい。そうすると，サービスの提供者とサービスの支払い手との間に情報の非対称（格差）が生じるため，そこにそれを利用して利益を得ようとする機会が生み出されてしまう。このような状態の中では，営利動機をもつ組織への寄付はためらわれてしまうことになり，必要な資金が集まらず，結果として援助活動は行われなくなる。つまり，市場原理によってでは，海外援助活動というサービスが供給されないという失敗が生じてしまうのである。

　ところが逆に，このような状態の中でも，しくみとして利益を組織内で分配することが禁じられている非営利組織なら，利益追求をしないという信頼を得ることができるため，人びとからの寄付を集め，援助活動を実現することができる。

　以上のような市場の失敗の概念を応用して非営利組織の存在理

由を説明しようとする試みは,契約の失敗,非対称情報,取引費用といった概念を利用しながら,いくつかのバリエーションを生み出した (Rose-Ackerman [1986])。しかし,それは営利を目的とする組織にたいしての非営利組織の比較優位性を説明するだけであり,同じく市場の失敗を補完する政府との違いを説明するものではなかった。

一方,政府にたいしての非営利組織の比較優位性を説明する理論も,ほぼ同時に提示された。そこでは,政府は市場の失敗を補完するものの,需要のすべてをカバーすることはできず,そうしたカバーされない需要を満たすために非営利組織が生まれるとされた (Weisbrod [1977])。

たとえば教育を例とすると,政府は中央値の需要者の求める質と量を中心として,教育に支出できる予算の範囲でサービスを提供する。しかし,政府がカバーする範囲での教育サービスでは満足できない人たちも出てくる (政府の失敗)。そのような人たちの中には,自ら別に費用を負担しても,より質の高い教育や,より多くの量の教育を求める人が存在するために,そのニーズに応えようとして非営利組織が生まれる。また,サービスの量と質だけではなく,特殊な内容など,種類の違いにおいても同様のニーズが生まれる。

以上の比較優位性から非営利組織の発生を説明する理論は,市場 (企業) や政府がまず存在しており,それらの補完者として非営利組織が発生するとしている。そこでは,非営利組織は,市場 (企業) や政府の補完者としての存在意義しか考えられていない。しかし,非営利組織を立ち上げる人びとや,それを支える人びとの動機は,市場 (企業) や政府によってカバーされないニーズを

満たすということよりも，思い，イデオロギー，使命感，問題意識などに根ざしている。そしてそれがために，企業や政府にたいして抗議することもあれば，あえて経済的合理性を無視した行動をとったりすることもある。

また，どの国においても，非営利組織は市場や政府の失敗を受けて生まれたというよりは，むしろそれらよりも早くから存在しているのである。

非営利組織の役割

非営利組織の存在にたいする経済学の説明は，それぞれ場面によっては説得力をもっている。また，補完という言葉の解釈によってカバーできる範囲を広げることもできる。しかし，実際に非営利組織に身を置き，活動している人びとの意図は，企業や政府の代役を担おうというようなものではなく，もっと主体的で積極的なものである。

非営利組織は，それぞれが明確なミッションと，それにもとづいた具体的目標をもっている。したがって，個々の組織としては，自らのミッションにもとづいて重要と判断した事業活動を実践しているだけで，企業や政府の補完を意図して活動しているわけではない。あくまで，自発的な判断と，それにもとづいた実践なのである。

非営利組織の活動は，そのメンバーが自ら重要と判断したというだけで，公益的であるとも，善であるとも限らないし，社会にとって本当に望ましいものであるかどうかも確かではない。しかし，多様なものが存在することにこそ，非営利組織の意義があるということができる。

何が公益であるのか，何が善であるのか，何が社会にとって望ましいのかなどは，実は誰にもわからない。正しいと信じて行わ

れることでも，間違ってしまうこともあれば，ある人にとって正しいことも，別の人にとってはそうではないということもある。多数の人たちにとって都合がよいからといって正しいとは限らないし，少数の意見だから正しくないとはいえない。にもかかわらず，現実の社会では，いたるところで多数決や投票でものごとが決められている。もしかしたら正しくない，あるいは十分な判断材料をもっていないかもしれない多数派の判断の偏りを，修正したり，気づかせたりするのは，多様な立場や価値観の存在であり，その声である。その受け皿となるのが非営利組織なのである。なぜなら，非営利組織は，自発的で自律的であるために，多様な考え方や活動が許容されるからである。

多数派や権力をもった者の価値観や利害によって決められ，推し進められることがらにたいして異議を唱えたり，代替的な方法を示したり，少数派の意見や利害を代弁したりする活動は，アドボカシー活動とか運動とよばれている。非営利組織だからこそできる活動は，1つの組織だけで行っていてもなかなか成果をあげることはできない。そのため，非営利組織では，問題を自分たちだけのこととはせず，それを広く社会に知らせ，人びとを巻き込んでいくことが目指される。また，このような社会変革の起爆剤，触媒としての役割は，政府や企業だけに向けられるのではなく，生活者としての人びとの生活スタイルや価値観にも向けられる。それらを意図して，自らオルタナティブな生活を実践することを通じて人びとに主張する，という静かな運動を行う組織もある。

他方では，サービスの提供者として大きな役割を担う非営利組織も増加している。福祉や教育などの分野においては，企業や行政と入り混じってサービス提供しており，それらと競合すること

もあるが，非営利組織は企業や行政がカバーしないニーズを満たしている。また，政策の変化や財政的な事情によって，行政がカバーしなくなったサービスを提供することもある。行政の便利な下請になっているという批判もあるが，企業や行政にない先駆性，柔軟性，多様性を備えているからこそカバーができるということや，そして現実として，それが範囲，量から見ても，もはやかなりのものとなっていることは軽視できない。

サービス提供における役割の増大は，政府の政策などにたいして，あるいは人びとの価値観にたいして，より大きな影響力をもつことを可能にし，社会変革の力を高めるという効果がある。非営利組織の中には，そのような意図をもって事業を拡大したり，ネットワーク化を推進しているところもある。

3 制度としくみ

法人の種類

利益を得ることは許されても，それを組織メンバーに分配することは禁じられている民間の組織という，非営利組織の定義に該当する法人格としては，前述のとおり，一般社団・一般財団，公益法人（公益社団・公益財団），社会福祉法人，学校法人，宗教法人，更生保護法人，特定非営利活動法人（NPO法人）などがある。

一般社団，一般財団，特定非営利活動法人を除いては，法人税の免税をはじめとする税制上の優遇を受ける。それは，そうした組織の活動が，法人格を認める行政の側から見て，公益性が認められ，さらにそうした公益性にもとづいた適格性を，個々の団体

ごとにチェックできる制度になっているからである。

　公益的な事業にたいして課税しても，その税金でやはり公益的な事業を行うのであれば，徴税などの手間をかける分だけロスが発生するだけである。さらに，社会的に望ましいと思われる事業にたいしては，税制上の優遇によって間接的に補助しようという側面もある。

　一般社団，一般財団，特定非営利活動法人に，**免税資格**などが認められていないのは，これらの法人に公益性が認められないからではない。税制上の優遇の悪用や不公平を回避するためには，それぞれの団体の適格性を判断したり，法人設立後も指導・監督する必要性があるが，これらの法人では，そのためのさまざまな手続きなどを制度の中に入れず，その代わりに事務処理などを軽減し，法人格の取得を簡便にした制度にしているためである。しかし，一般社団，一般財団は，公益認定を受けて公益法人（公益社団，公益財団）になることができるし，特定非営利活動法人はパブリック・サポート・テストなどの条件を満たして国税庁長官の認定を受けて認定特定非営利活動法人になると，寄付金控除やみなし寄付金が認められることになる。

　ただし，免税資格を認められた法人でも，本来の公益的な事業以外の収益事業にたいしては，軽減税率で課税される。みなし寄付金とは，こうした収益事業による利益の一部を，同じ法人内の公益事業に寄付したとみなして課税対象から外すことである。また，寄付金控除とは，団体に寄付する人が，その寄付を課税対象となる所得から差し引いて，寄付に税金がかからないようにするもので，その結果，その対象となる団体への寄付が集まりやすくなる。

法人の機関

団体の機関とは、その団体の意思決定や運営・管理を行う機構や役職ポジションのことであり、法人の場合には、それぞれの設立の根拠法によって決められた最低限のものがある。非営利組織にはいろいろな法人が含まれるので、それによって若干の違いはあるが、団体を代表し、事務の執行を行う**理事**と、それを監督する**監事**、そして団体の最高議決機関としての**社員総会**などが基本的な機関である。

さらに、法で決められた最低限のものに加えて、実際に団体を運営していくために、**理事会**、その代表としての**理事長**(あるいは**代表理事**)、理事の諮問機関やチェック機関となる**評議員**や**評議員会**などが置かれることが多い。

このような団体の機関や目的、名称、事務所の所在地、活動、業務執行などについての基本規則を定め、記載したものを**定款**という。また、旧公益法人制度における財団法人やそれに類する学校法人、医療法人財団などの場合、定款にあたるものは**寄附行為**とよばれる。

これらの公式的な機関を前提にして、日常のより具体的な活動は、**事務局長**、**専務理事**、**総主事**といった肩書きをもつ経営管理者が、事務局スタッフを率いて行う。経営管理者の肩書きの名称は、それぞれの団体の規模や分野によって異なり、理事長の肩書きをもつ者が指揮をとっていることもある。

ガバナンス

組織の手がける事業を、できるだけ効率的に進めるための諸活動は、経営とかマネジメントとよばれる。それにたいしてガバナンスとは、そもそもその事業が組織の本来の目的に合ったものであるのかどうかをチェックしたり、また組織が本来の目的から逸れそうになるのを

牽制したりする機能のことをいう（ガバナンスに関しては第3章第2節も参照）。たとえ経営が順調で、事業が効率よくすすめられていても、それでその組織がうまくいっている、あるいは正しい方向にすすんでいるとは限らないのである。そのような意味で、ガバナンスは経営より上位にある概念とされている。統治という訳語があてられることもある。

株式会社は、経営を任された経営者たちが、会社の所有者である株主のお金を使って事業を行い、その成果（利益）を株主に配当という形で還元するしくみになっている。したがって、コーポレート・ガバナンスとは、そのしくみの約束どおりに、成果が株主に配当されるように、つまり経営を任された経営者たちが株主を裏切って自分たちの利益を優先させたりしないように、法律や会社の規則で制度をつくっておいたり、それを機能させることを指す。

しかし、非営利組織には株主はいないし、目的は利益といった明確に数字で表すことができるようなものではない。だが、それだからこそ非営利組織においてはガバナンスが重要となってくる。非営利組織では、事業が成功して儲けが出ても、それが成功といえるかどうかがわからないからである。組織のミッションから見て、そもそもどのような事業を手がけるべきか、その事業の展開の仕方（サービス提供の場所、形態、費用など）はどうあるべきかといったことが、さまざまな視点から検討、そしてチェックされるしくみが必要なのである。それが非営利組織におけるガバナンスである。

非営利組織には株主がいない代わり、さまざまな関係者との関係がより重要となる。サービスの受け手、寄付をしてくれる個人

や団体，企業，助成財団，補助や支援をしてくれる行政，協働活動のパートナーの団体などである。このようなさまざまな関係者による監視や影響力が発揮されることによって，ガバナンス機能が働くのである。

実際，非営利組織の中には，そのようにマルチ・ステイクホルダーのさまざまな利害や意見を反映させることを意図して，組織規模から見ると多すぎとも思われる理事を置くところがある。また，非営利組織の理事のほとんどは無給であり，組織の信用力を補強したり，寄付集めの効果をねらって，社会的地位の高い人や著名人に理事就任を依頼することがある。このような理事を集めたり，理事たちの組織へのコミットメントを引き出すのも，事務局長などの非営利組織における経営管理者の立場にある者の仕事である。

4 さまざまな組織形態

多様な側面とよび方

非営利組織というよび方は，単一の法人格や，特定の目的や分野の組織を指したものではなく，民間でありながら営利を目的としないという範囲のものすべてを指しているため，そこには多様な組織が含まれてしまう。そのため，議論のテーマや語る人の意図によって，想定される非営利組織の種類や性質が異なることがある。

このような事態に対応するため，非営利組織の代替的な表現やよび方が試みられたり，特定の性質を強調した表現が用いられることがある。たとえば，組織単位ではなく，さまざまな非営利組

織の全体という意味では、非営利セクターという言葉が用いられる。そしてそれが、企業や政府との対比で論じられる場合には、政府部門を第一セクター、民間営利（企業）部門を第二セクターとして、非営利セクターは第三セクターとされる。ただし、日本では地方自治体と企業との合弁事業体を、第三セクターとよんできたため、それと識別するために、非営利セクターの方は、サード・セクターとよばれることもある。また、このサード・セクターと非営利セクターとでは、範囲が違うと主張する研究者もある。とくに、ヨーロッパでは、協同組合、共済組合、アソシエーション（共通の関心や目的などで集まった集団のことであるが、市民団体を指すことが多い）、社会的企業なども含めたより包括的なカテゴリーとしてサード・セクターが捉えられることがある。

イギリスにおいては、非営利組織という言葉よりもボランタリー組織（voluntary organisation）という言葉の方が一般的で、同様にその部門を指す場合には、ボランタリー・セクター（voluntary sector）という言葉が使われる。また最近では、VCO（voluntary community organisation）、VCS（voluntary community sector）という言葉もよく用いられる。

非営利組織の中でも民間であることや、その自発性が強調される場合には、市民公益団体、市民活動団体、CSO（civil society organization）、グラスルーツ（草の根団体）、ネットワーキングといった言葉が用いられることもある。

ネットワークと非営利組織

一般的に、サービス提供型の非営利組織は、組織の規模が大きくなる傾向があり、そして組織の構造も階層的である。それにたいして、アドボカシーや運動が中心の非営利組織では、組織

4 さまざまな組織形態

の規模は小さくフラットで，その代わり他の組織や人とのゆるやかなネットワークを形成しやすい（ネットワークに関しては第2章第4節，第4章第3節，第5章第5～6節も参照）。これは，サービス提供がある程度は他の組織との競争になるのにたいして，アドボカシーや運動の場合は，他の組織との競争よりは協調や共同を志向し，できるだけその問題にかかわる人を，多く巻き込むことが目指されるからである。

　サービス提供型の非営利組織でも，そのサービスは他の組織のサービスと相互補完的であることが多く，企業に比べるとネットワーク化しやすい。そのようなことから，非営利組織の中にはネットワークの媒介となっているものも多い。企業間のネットワークでも，たとえば事業者団体のように，ネットワークの媒介や管理を行う組織は非営利組織である。ほとんどの分野において事業者団体が存在するが，それらは非営利組織である。

　さらに非営利の分野では，環境，まちづくり，青少年育成，文化・芸術といった各分野ごとのネットワークが存在するだけでなく，分野横断的なネットワークも形成される。非営利の分野横断的なネットワーク媒介組織は，同時に各組織の活動の支援活動も行うことが多い。それぞれの分野の現場で活動を行う非営利組織は，**フロントライン組織**（front-line organization），あるいは**第一層組織**（first tier organization）とよばれ，現場で活動する組織の活動基盤を整備したり，後方から支援する組織は，**インフラストラクチャー組織**（infrastructure organization），あるいは**第二層組織**（second tier organization）とよばれる。

　日本では，インフラストラクチャー組織は，**中間支援組織**とよばれることが多いが，助成財団や企業や行政の資金とフロントラ

Column ② 特定非営利活動促進法と日本NPOセンター

　日本では1995年1月に起こった阪神・淡路大震災をきっかけに，民間の自発的な活動と，その受け皿となる団体の重要性が再認識された。そして，それまでに諸関係者によって検討が続けられていた市民公益活動の基盤整備構想が，実現に向けて動き出した。

　これまで法人格の取得が難しかった小規模な民間公益活動に，法人格取得の道を拓くことを目的とするNPO法の成立に向け，市民団体，財団，経済団体，そして政治家や政党などさまざまな分野の関係者を巻き込んだ運動が起こり，1998年3月に特定非営利活動促進法が成立した。これと連動する形で，この新しい法律と制度を，民間の自発性を発揮させるよう機能させることを目的として，日本におけるNPOのナショナル・センターの設立が構想された。そして1996年11月，特定非営利活動促進法よりも一足先に，「地域を超え，分野を超え，セクターを超えて」をスローガンとする日本NPOセンターが設立された。

　日本NPOセンターのほかにも，NPOサポートセンター，NPO事業サポートセンターが，NPO支援のナショナル・センターといわれている。また，各地域においても，NPO支援の中間支援組織や施設がある。

　なお，日本NPOセンター設立のプロセスについては，日本NPOセンター編［2007］，特定非営利活動促進法の成立プロセスについては小島［2003］，初谷［2001］，シーズ＝市民活動を支える制度をつくる会［1996］，そして全国のNPO支援センターについては，日本NPOセンターのホームページ（http://www.jnpoc.ne.jp）を参照のこと。

4　さまざまな組織形態

イン組織とを仲介するインターミディアリー組織（intermediary organization）に帰因する言葉と思われる。また中間支援組織は，「～（地域名）NPO センター」「～（地域名）NPO サポート・センター」といった名称の団体が多く，そのような組織としてのセンターと，行政による施設としてのセンターとが混同されやすい。さらに，行政の施設としてのセンターを，中間支援組織が管理・運営するケースが増えている。

インフラストラクチャー組織の全国組織も存在し，ナショナル・センターとかナショナル・インフラストラクチャー組織とよばれる。このような全国組織は，アンブレラ組織（umbrella organization）とよばれることもあるが，傘下にある諸組織を統括する中央組織というイメージもあり，組織の自律性を重視する非営利組織の関係者の中には，この言い方を避ける人もある。

より多様な組織

非営利組織の標準を示した基準としては，レスター・サラモンを代表とするジョンズ・ホプキンス大学非営利セクター国際比較プロジェクトのものが有名である（Salamon and Anheier［1996］）。これはもともと，非営利組織をめぐる法律や制度が国によって異なるので，国際比較のために調査対象を統一する目的で提示された基準であるが，しばしば非営利組織の定義として紹介されている。

そこでは，調査の対象としての非営利組織の基準として，①非営利，②非政府，③公式性，④自立性，⑤自発性，⑥非宗教的，⑦非政治的の7つの項目が示されている。宗教や政治的なものが除外されるのは，研究対象の絞り込みのためであるが，他方では公益性などの基準は置かれておらず，共益型組織も含まれている。したがって，宗教や政治的なものは除外されているものの，共益

型組織も含まれているという点で，広義での非営利組織の基準といえるだろう。

しかし，現実の非営利組織の世界は，変化し，多様化している。以上のような標準的な枠組みで，その数を測定するだけでは，非営利組織がどのような行動をとり，その周辺でどのようなことが起こっているかはわからない。

たとえば，純粋に民間で，自発的で，公益的なという伝統的で，典型と思われている非営利組織は，現実にはむしろ少数派になりつつある。非営利組織が発達しているアメリカでも，その収入源の3割が政府資金であるし，企業や行政と協働して活動する非営利組織は，どの国においても増加している。さらには，企業や行政とのパートナーシップから混合組織へと発展するケースも増えはじめている。

かつてはグレー・ゾーンとして，あるいは行政の出先機関として批判されることもあった公私混合体は，ヨーロッパを中心にハイブリッド組織として注目されている。官民のパートナーシップは，**PPP**（public private partnership）と略称され，行政や地域経営の視点でも注目されている（第6章参照）。非営利組織が行政の施設を管理・運営する，いわゆる官設民営も急増している。

行政の側から民間非営利の分野を活用する動きも無視できないだろう。クアンゴ（QUANGO；quasi autonomous national government organizations, quasi non-governmental organization）とか（Skelcher [1998]），EGO（extra government organization）とよばれる半官半民の組織は，日本だけでなくアメリカやイギリスにも存在しており，とくにニュー・パブリック・マネジメント（NPM）といわれる新しい行政改革の先陣をきったイギリスでは，かなりの数にの

ぼる (Stuart and Hall [1994])。

　非営利組織は，明確に境界線がひかれたカテゴリーではない。人びとの関心，価値観や，政府の政策，企業の考え方，あるいは景気の動向などによって範囲を広げたり，グレー・ゾーンの幅が伸縮したりしている。また，組織それ自体としての規模や性質も多様である。組織といえるかどうかわからないような小さなもの，アドホックなもの，運動体，ネットワーク，パートナーシップ，マルチ・セクターのプラットフォームまで見られる。

　本書では，それらすべてをカバーすることは不可能であるにしても，従来の組織論の枠組みを越えて，できるだけ多様で動態的な非営利組織の姿を捉えてみたい。

●●●▶ 練習問題

1. 基本的には個人を指すボランティアと，事業を組織として実行する非営利組織とでは，どのような違いがあるだろうか。経営の視点や，ミッションの実現の点などから，両者の違いを整理してみよう。
2. 非営利組織には株主や持ち分のあるメンバーがいない。そういう団体が，何らかの理由で解散することになったら，その団体のもっていたお金や備品，あるいは土地や建物などの資産はどうなるのだろう。法律で決められている処分の方法を調べて，なぜそうすることになっているのかを考えてみよう。
3. インフラストラクチャー組織とか，中間支援組織とよばれている非営利組織を支援する団体は，実際にどのような活動を行っているのだろうか。団体のホームページを調べたり，最寄りのNPO支援団体に問い合わせたりして調べてみよう。また非営利組織の支援活動として，今後はさらにどのようなものが必要とな

るかを考えてみよう。

【さらに深く学ぶために】

山内直人［2004］『NPO入門（第2版）』日本経済新聞社（日経文庫）

　コンパクトながら，NPOの全体像と各分野の様子がデータによって説明されており，また，NPOに関する経済学の理論もわかりやすく解説されている。経済学的視点からNPOの様子を理解するのに好適の入門書。

A. エバース = J. -L. ラヴィル編（内山哲朗・柳沢敏勝訳）［2007］『欧州サードセクター――歴史・理論・政策』日本経済評論社

　アメリカでは，非営利セクターが大きく，活発であるということもあり，非営利組織に関する研究も盛んである。そしてそれは，日本やヨーロッパの非営利組織研究にも大きな影響を及ぼした。しかし，国としての歴史が浅く，民間の自助努力に支えられてきたアメリカの状況は，ある意味で特殊であり，他の国と比べると突出した非営利セクターを形成した。そのためアメリカの非営利セクターを前提にした研究によって導かれた示唆は，日本やヨーロッパの状況と合致しない点もあった。本書は，アメリカ的な非営利セクター概念によって他の国の状況を論じることに警鐘を鳴らし，ヨーロッパの現実と独自の概念を示したものである。ヨーロッパの6カ国とEUについて，それぞれ章が設けられ，さらにアメリカとは異なるサード・セクター概念や，社会的企業について論じられている。ヨーロッパと同じように，アメリカよりも長い歴史をもつ日本でも，独自の現実と概念を語る必要があるのかもしれない。

第2章 非営利組織を立ち上げる

組織としてのあり方

広島・平和記念公園の池を清掃するボランティアたち（2009年7月）

1 組織として立ち上げる

立ち上げの前提

　非営利組織は，自ら営利を目的とすることができないために，一般的には慢性的に経済的な資源に不足している。前章でも述べたように，さまざまな特徴によって多様な側面を有するが，とりあえずは営利によって自らを支えることができないことが，この組織の基本である。営利を得ても，それを次なる事業の拡大に運用すれば，そして関係者に利益として配分しなければ，それでよいではないかとの指摘は説得的ではあるが，通常は，非営利という大義のもとで，

コストを切り詰める経営を強いられる。自前資源の調達に限界があれば，補助金や助成金を得ているスポンサーやドナーにたいしては節約や倹約によるマネジメントを行うことは当然であり，誠意を示すことでもある。

日常的には，常勤のメンバーを抱えることもあるが，その活動の多くは無給の人たちによってなされることが多い。有給であっても会社に勤めている人に比べると，賃金は比較にならないほど少ない。彼らの多くは無給のボランティア（前章からの議論を受けていえば，この場合，活動をする人たちに限定）である。非営利組織を立ち上げるということは，ボランティアを集め，彼らを人的資源として原則的に無給で有効活用することである。

以上のことを前提とすれば，金銭的な報酬を得ようとして，非営利組織に参画することなどはありえない。そこにメンバー特有の特性をみなければならないということである。要は，ボランティア，また彼らだけではなく，有給の職員として働く場合であっても特有のメンタリティが働くようになる。経営管理に従事する人たちも過分な報酬を得れば，それだけで，社会的な指弾を受けることになる。それは，ボランタリズム，あるいはそれに由来する心理といってもよい。

ボランタリズムとは

ボランタリズムの心理を考える前段の作業として，その担い手であるボランティアとは，どのような人たちであるのかを考えなければならない。ボランティアとは，ボランタリズムの担い手であり，ボランティアの心性がボランタリズムであるという無意味な同義反復もありうる。実際，ボランティアを1つのカテゴリーに集約するのは無意味なことであり，会社員を1つのカテゴリーで考えるよう

なものである。したがって，1つの定義に集約することはできない。

とりあえずの定義としていえば，ボランティアとは，自発的に，無償で，しかも，利己的ではなく利他的に活動する人たちのことである（田尾［1999］［2001］［2004］など）。自発的とは，他の人たちに強制されないこと，自らの意思で判断して行動することである。また，無償とは，その行動の成果について，とくに金銭的な報酬を得ないこと，また，得ることを期待して行動しないことである。さらに，利他的とは，詳しくは後述するが，自分以外の人，あるいは，ことのために奉仕的に活動することである。この3つの要素は，ボランタリー活動，あるいは，それの担い手であるボランティアを定義しようとする場合，必ずといってよいが，当然の前提とされることである。しかし，それさえも1つの目安であるに過ぎない。

いうまでもないが，これのすべての要件を申し分なく具備しているボランティアはいない。完全無欠の自発，無償，利他の人は，モデル，あるいは理念として語られるだけである。また，それぞれの定義さえも曖昧となりつつある。完全無欠の理想型に近いボランティアから，ボランティアというにはほど遠いというべきボランティアまで，さまざまなボランティアが現れつつある。その背後には，ボランティアが理想の人として描かれるのではないという，概念自体の日常化ということがある。つまり，誰にでもどこででもできるボランティア活動という考え方が普及した結果でもある。

組織の成り立ち

以上のように，ボランティアだけではないが，ボランタリーなメンタリティを有

した人たちが集まって、非営利組織が成り立つ。しかし、直ちに組織が成り立つようなことはほとんどない。非営利組織とはいうが、その多くは組織、つまりオーガニゼーションに相当するしくみを備えていない。厳密には、まだ集団というべきものが多い。また、その中には一人で活動している人も少なくない。ということは逆にいえば、非営利組織の本格的な活動の背後には、泡のように浮かんでは消えていく雲霞(うんか)のような活動がある。その活動の背後にある無数の活動にも関心を向けなければならない。それは氷山のようで、見えているのは、その全体の数十分の一、あるいはそれ以下であったりする。一人のボランティアが仲間を集め、活動の幅を広げ、法人格を取得したりして本格的な非営利組織になることもある。しかし、それは全体からいえば、それほど多いものではない。

　ということは、組織として成り立っても、気ままなボランティア、あるいは有給であってもそのメンタリティを有した人たちが多いというだけで、そのしくみそのものが厳格なシステムをなさないことが多い。流動的、あるいは柔軟であるといってもよいであろう。たとえ有給の職員を抱えていても、組織への忠誠を引き出すのに足るほどの給与ではないことが多い。生きがいや働きがいがすべてであるような人たちは、嫌になればいつでも辞める人たちでもある。立ち上げ、あるいは成り立ちが本来、脆(もろ)い基盤の上にあるというべきである。

組織への成長

　それでも、ボランティアが集まり、その活動が持続すれば、その中には組織に成長するものもある。一般的に、組織は人間の一生にもたとえられるような経過をたどると考えることができる。生まれ、成長し、

図 2-1 組織のライフサイクル

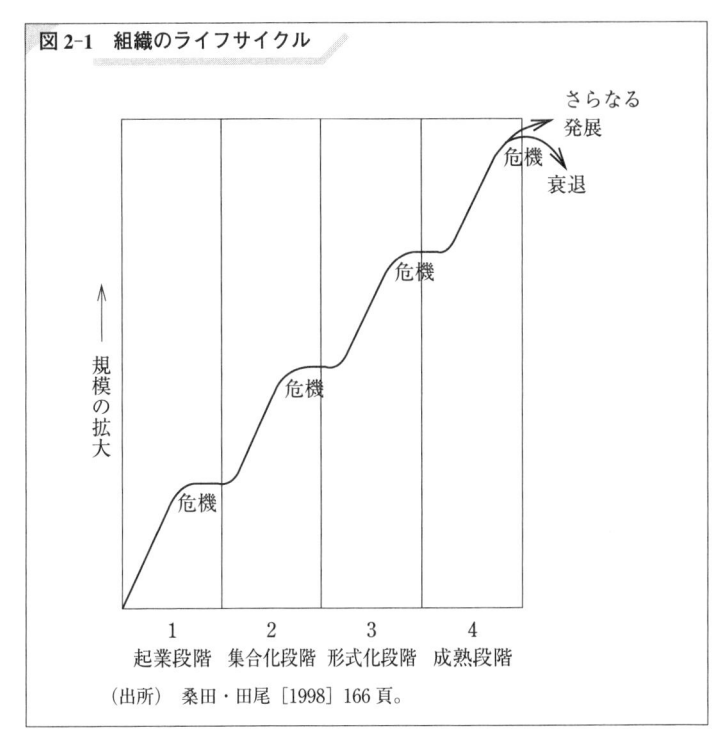

縦軸：規模の拡大

横軸：
1 起業段階
2 集合化段階
3 形式化段階
4 成熟段階

各段階の間に「危機」があり、成熟段階の後に「危機」を経て「さらなる発展」または「衰退」へ分かれる。

(出所) 桑田・田尾 [1998] 166 頁。

やがて,死ぬ。このサイクルは避けることはできない (Cameron et al. [1987])。この一生の,どの段階にあるかによって,マネジメントの考え方も相違する。大きな非営利組織になれば,公益法人全般に共通する議論が欠かせなくなる。ボランティアの集団が組織的になり,ビュロクラティックなシステムを採用すれば,営利企業との相違は小さくなり,似通ったマネジメントの方式を採用せざるをえなくなる。

　一人ボランティアからどのように組織に至るか。図 2-1 のように 4 つの段階に分けて考える。

1　組織として立ち上げる

(1) 起業段階

　初期，つまり，生まれてしばらくの段階である。いわば，起業家と訳されるアントレプルナーたちがその独特の個性を活かして活動をはじめる。組織は，まだ整っているとはいえず小規模である，したがって，ボランティアが集まればこの段階にはとりあえず到達できるが，この段階で活動が持続せず，その生命を終えることも多い。

(2) 集合化段階

　少しずつ，組織の規模は大きくなる。大きくなるとともに，本格的に成長しよう，整備しようとする。衆をなして，何をしたいのか，目的を設定して，それを実現するように組織らしくする。そのシステムは分業化からはじまる。メンバーには，それぞれの役割が定められ，必要に応じて，サブ目標も設定される。

(3) 形式化段階

　規模はさらに拡大して，それを管理するための規則や手続きが，形式的に，公的に定められ，コントロール・システムが出来上がる。トップでは戦略的な意思決定がなされ，ミドルや前線では，それに準拠した判断や行動がなされる。ボード（理事会，第3章第5節参照）が出来上がるのもこの段階である。このような段階に至ると，組織らしくなる。公益法人などは，法的には当初から，形式化のこの段階にある。

(4) 成熟段階

　やがて地位や役割は明瞭に定められ，しかも，文書として明記される。誰もが，それに準拠することを義務づけられる。そのような一連の標準化によって，少ないコストでより多くの便益を得るというビュロクラシー・システムは，成熟に至るのである。ボ

ランティアの集合からここまでに至る非営利組織はごく少ない。この段階に至れば,企業と近似する。

(5) 衰退段階

以上の成熟は,硬直化への危険を絶えず内包していて,衰退に至ることも少なくない。それを避けるために,組織は戦略を絶えず練り直し,新鮮な制度変更などの工夫を重ねることになる。しかし,たとえ変更しても,環境そのものが,その組織の生存にとって不適合な場合は,衰退せざるをえないことになる。

ボランティアたちの熱意ではじまった組織は成熟を経なくても,それぞれの段階から活動が行き詰まり,衰退に陥ることもある。しかし,であればこそ,少しでも早く成熟に至らしめ,少しでも遅くまで衰退に至らしめないようにするのが,マネジメントである。

具体的な成長モデル

この成長を促す最も大きな要因は,サイズの拡大である。活動が上首尾に推移するほど,クライアント(サービスの対象者)も増え,ヒト,モノ,カネなどの経営資源の入手も容易になる。スケール・メリットといわれるものである。したがって,サイズが大きくなるのは自然の成り行きである。また,周囲の関係者も,成功をサイズの拡大と見なしがちである。しかし,そのサイズこそが単なる集合を集団に変え,集団を組織に変え,ビュロクラシーの採用を強いるのである(田尾 [2004] 9頁)。

サイズの変化によって組織として整備される過程を模式的にいえば,以下のとおりである。ボランティア活動からはじまるとすれば,数人の人たちが集まり,行動しはじめる。そして,集合をなし,やがて集団となって,役割が分業されて,リーダーとそれ

に従う人たちという影響力の差違ができはじめる。一人のボランティア，やがて，数人の有志が集まり集団を結成して，その周りに多くのボランティアが集まる。もしかして，ミッションなどを鮮明にする中で仲間割れがあるかもしれない。さらに発達して，集団の中で役割構造ができて，リーダーとフォロワーという地位が分化することで，より集団らしくなる。やがて，ボード（理事会）ができて，意思決定と執行が分かれるようになる。活動の当初からの活動家は，決定と執行の両方に所属することが多い。執行集団がボードの一部であったり，その責任者がボードに残っていたりすることもある。やがて，その中から，専門的な業務を担当するスタッフ部門が独立して決定や執行を支えることになり，やがてスタッフが並立して組織としては一応の体裁を備えることになる。つまり，意思決定を専門的に担う人たち，ボードができるころ，ほぼ組織としての枠組みを考えるようになる。それ以前は，組織というのにはまだ十分に要件を満たしてはいない。

しかし，これでもまだ形式化の段階である。すでに述べたが，国際赤十字社やYMCAなどはまさしく成熟段階に達した非営利組織である。それ以外にも企業と見まがうほどの大規模の非営利組織は，枚挙にいとまがないほど多い。

2 非営利組織における起業家

アントレプルナー　ボランティアの集合の段階から非営利組織を立ち上げるということは，1つの事業を起こすことである。小さな企業を立ち上げることとほぼ同義

である。そこには，すでにある組織をいかに円滑に運営するかではなく，いわゆる起業家としてのセンスが欠かせない。チャレンジ精神とかアントレプルナーシップなどといわれるものである（田尾［2003］）。この領域におけるアントレプルナー（entrepreneur）を，とくにソーシャル・アントレプルナー，社会起業家といって区別することがある。

組織への発達の初期であるほど，通常のルーティンを処理するだけの経営者的な役割は限られることになる。この時期は，マネジメントを取り巻く状況が動揺を繰り返している。それに真正面から向き合える，あるいは，それを押さえ込める，むしろ挑戦的に行動する人が必要とされる。非営利組織に限ることではないが，そのような不安定な環境を切り抜けるためには，経営者という言葉よりも起業者，つまり，アントレプルナーという言葉の方が適切のようである。

平時の経営者は，維持や安定を重視するが，いわば乱時のアントレプルナーは，新しい言葉やアイディアを創造し，将来的なリスクを賭けた行動さえ見通して実行するようなことができる。ベンチャー企業の経営者と通じるところがある。その意欲や根気，当意即妙のスキルなどは，マネジメントにとってはエッセンスでさえある。また，非常時の動員性の確保，つまり，組織がポリティカルな状況の中で行動しなければならないほど，経営管理を担当する人たちはアントレプルナーとして行動しなければならない。この人たちは，カリスマと重なることが多い。

アントレプルナーの役割

そのアントレプルナーとして位置づけられる人たちの働きとは何であるか，あるいは，どのような働きをするアントレプ

ルナーを必要としているのか(田尾[2003])。

(1) ミッションの唱導

ミッションとは,本来,抽象的である。具体的な行動の背後にある信念や信条が語られることが多い。たとえば,困った人や弱い人を援助する,自立を支援する,住みよい環境を創り出すなどである。その文言自体は,抽象的な美辞麗句を連ねている。しかし,抽象的であるからこそ,絶えず繰り返し,それを唱える必要がある。抽象性をアントレプルナーの人柄のうちに具現化させ,その人自身がミッションそのものであるかのような印象を与えなければならない。

(2) 瞬時の動員性

通常のマネジメントは,ムリなくムラなくムダなく,目的を達成することであるのに対して,非営利組織では,ムリもムラもムダも厭わないようなところがある。暇なときはまったく仕事がない,けれども,忙しいときは昼夜を分かたず働かなければならない。その非常時に多くの人たちを集中的に投入できる,また,その作業に動機づけできるようなマネジメントが望まれる。アントレプルナーとは,瞬時に,最大動員を図れるような,いわば人徳のようなものも含めた異能の人でなければならない。カリスマのイメージと重なるのはこのような場合である。

(3) いわゆるほら吹き

しかし,ミッションが抽象的であるだけでは用をなさない。それを目に見える,あるいは,想像できるようなビジョンに明示できるようにすることが必要になる。言葉にして,それを内実があるように説得できなければ,誰もついてこない。針小棒大のような言語化,場合によってはほら吹きのようなこともある。ムリの

ないほら，さらにムリがあってもムリと思わせないほらを吹けるのはアントレプルナーのスキルの1つである。レトリックの達人ということもできる。

(4) 矛盾の一手引き受け

さまざまの人たちがさまざまなことを言い張る。これが通常の組織であれば，そのうちに規則ができ基準ができる。それを明文化することもできるし，しなければならなくなる。しかし，ボランティアの集合体には明示された規則や決まりが少ない。融通無碍といえばよいが，その短所は，利害が絡むとその調整に手間取ることも少なくない点にある。アントレプルナーには，それを一手に引き受けて背負い込むという大胆さが必要になる。政治家的なところがないとはいえない。

(5) ユニークネスの創造

さまざまの価値意識を統合し，さらに新たな価値の創造をも可能にするようなこともアントレプルナーの役割の1つである。内外の関心を惹きつけるように，ほかにはない，ここにしかないことを，内外の人たちに知らせる，ユニークネスを演出するのである。ボランティアが集まるだけでは，やがては消える泡のようなものを予感させる。消えないためにも，とくに他のボランティアの集団との違いを強調して，その特異さを周知させなければならない。伝道師の役割に重なるところがある。

(6) ライバルづくり

他の集団との違いを明確にすることは，ライバルを設定することであり，競争相手と競り合って勝たなければならない。差別化戦略の名手である。とくに，資金援助などで有利なスタンスを得るためには，ライバルに打ち勝てるような方向にメンバーを動員

できるようでなければならない。この際のアントレプルナーの役割は,勝てるライバルを設定することである。見極めを間違えて,強豪に挑み惨敗してしまうようでは立ち行かなくなる。勝負師としての役割が問われることになる。

(7) リスク・テーキング

アントレプルナーは業を起こすのであるから,冒険をするということでもある。場合によっては,多大のリスクを賭することがあるかもしれない。活動のためには資金を調達しなければならないであろうし,私財を投げ打つこともある。そういう覚悟を見て他の人たちが資金提供に協力するというのは,通常の起業の場合と同じである。リスクから逃げないことは当然であるが,不要なリスクを避けるテクニックも,修得していなければならない。

リスク管理に関しては,追加すべきことがいくつかある。というのは,リスクを賭す覚悟は意思決定には必ず付随することであるが,組織として発展し,さらに大きくなってしまえば,誰にでもできることではなくなるからである。仲間だけの結束で集団を維持していくだけで,まだ外への活動の広がりが大きくなければ,資金や人員ともに少ない投資で済ませられるが,それが,大きく膨らむ中では,さまざまのコストを抱え込むのは避けられない。どこかで大きなリスクを賭す決断が要る。成熟の段階に至った組織であれば,避けようのないリスクに,どこかで直面する。それにアントレプルナーが上首尾に対応できるかどうかである。

たとえば,事務所を設置するかしないか,有給の専任スタッフを雇用するかしないか,委託事業を受けるか断るか,大きな資金提供を受けるか,それとも受けないかなどなどである。これらは設備投資に絡むことで,それを償却できるかどうかはマネジメン

トで重要な分岐点となる。その発展過程で，仲間内の話し合いはあっても，フォーマルな通常の意思決定の積み重ねはない。そのような組織的意思決定が成り立つ以前に，このようなリスクに出会い，しかも，適切な決定ができなければ，その時点で行き詰まることもある。リスクを負って平然と意思決定できる人を必要としている。

起業家から経営者へ

アントレプルナーシップとは，以上のように，その行動も性格もさまざまな特徴が絡み合っているが，要は，明確で誠心誠意，目標の実現に向けて表出される，強烈ともいうべき精力と関与を，その共通の特徴としている。当然，組織として成り立つのは，アントレプルナーによって得た成果の集積であるが，しかし，この組織が大きくなれば，通常の，ルーティンの経営幹部も必要になる。この２つの役割が一人の人物，一人の個性においては成り立ちにくい。手堅く事業をまとめる経営幹部と，絶えず冒険をしようとするアントレプルナーを一人の人に背負い込ませるのは，役割葛藤（期待された役割が相互に両立できないこと，たとえば板挟みになることなど）を経験させることになり，きわめて困難なことである。

したがって，発達段階に応じた役割分担が必要である。急成長期は，アントレプルナーの一人舞台であるが，成長して通常の組織になろうという転回点では，必ずといってもよいが，創業者的なアントレプルナーは，補佐的な経営幹部を分身として組織の中に配置しなければならないことになる。そのことによって，創業時のミッションを維持し，しかも，大きくなった組織をマネジメントできるようになるのである。しかし，やがて，その人自身も後ろに引き下がるようなことになる。いつまでもチャレンジを続

け，リスクを追うだけでは，その組織が疲労する。どこかで安定軌道に乗せる。そして，アントレプルナーは退場することになる。カリスマと同じである。

なお，アントレプルナーシップとは，創業時のメンバーによるものだけではない。大きくなれば，その組織の幹部から委譲された現場に近いところにいる責任者なども，アントレプルナーの役割を果たすように期待される。小さな集団からはじまった活動は，大きくなっても，そのアントレプルナーシップが発揮されるのは，やはり現場においてである。通常業務のスタッフは事務局にいても，創業メンバーは絶えず現場にいるというのは，経営実務とミッションの遂行を切り離しておくことが，マネジメントの要諦であり，創業時のアントレプルナーシップの維持に貢献するからである。

3 組織としての発展と挫折

代継承の重要性

大きくなってしまえば，属人的な管理は行き詰まる。アントレプルナーは創業においてはその資質や能力を発揮できても，平時では，ルーティン・ワーク的な処理に長ける人材を登用しなければならない。カリスマ的であるだけでは処理できないことも多くなる。リスクに賭けるというよりも，リスクを少なくする，石橋を叩いて渡る経営者が望まれるようになる。創業者であるカリスマがその指導力を後退させて，集団指導体制に移行するか，あるいは，次世代と交替するときが，1つの節目になる。第一世代が交替することで，

さまざまな考えや行動が再考されて，マネジメントのための戦略が一新されるようなことになる。それが，組織化とつながり，本格的な非営利組織への脱皮になる。なお，創業者自身が途中でカリスマ性を捨て，一活動家になるような場合は，単なるサービス提供の集団になってしまい，熱意も雲散霧消してしまう。発展期は，アントレプルナーの熱意がボランティアを煽り立てることになるからである。

　円滑な移行のためには，つまり，熱意を維持するためには，創業者の時代から管理コア（組織の維持に関心，したがって内向き）とサービス・コア（現場でのサービス提供に関心，したがって外向き）の分離をすすめておくことが大切である。管理コアがミッションを後生大事に抱えていても，それを，現場でサービスとして提供するためには，単なるルーティンではなく，熱意を込めて実施されなければならない。言い換えれば，ミッションは，管理コアでは，通常のルーティンとして捉えられるが，サービス・コアでは，カリスマやアントレプルナーが，まだ生身のミッションを体現しながら活動している。

　成長の途上では，その境目は曖昧であり，アントレプルナーは，内向きの顔を見せたり外向きの顔を見せたりと忙しいが，やがて組織のサイズが大きくなり，その境目が確定するほど，ルーティンのコントロール・システムの構築に集中するようになる。熱意を分離して，彼らの意向が最大限発揮されるような仕掛けがつくられなければならない。管理コアを中心に，管理方策を工夫するようになるのは必然である。注目したいのは，外からの不平や不満はサービス・コアで処理されるようになって，管理コアの戦略立案などには，しだいに影響を与えなくなるということである。

Column ③ **非営利組織が活動を続けることの意味**

　非営利組織は続くことに意味がある。いつまで続くか、それを評価にしたい。信用されているから、信頼されているから、続いているのである。長く続いていることと、この社会に貢献していることは、例外はあるが、ほぼ重なっている。その伝でいえば、マネジメントの要諦は辛抱強く活動を続けることができるかどうかである。その逆に、活動をはじめた人（創設者）が何かの事情で（引退も含めて）引っ込んでしまうと、途端に休止状態になるという話はいくらでもある。それを越えて、代継承を果たせば本格的な組織になる。創設されてまだ新しいところでは、代継承を考えなくてもよいだろうが、今後を考えると後継をどうするか、真剣に考えるべきであると思う。その中でいくらかは本格的な組織に成長してほしい。本書は、経営管理を適切に行うことで本格的な組織になることを支援したいという願いを込めて執筆されている。

　しかし、逆に、今、活動している人たちが自分の思いをかなえるための活動であれば、一代でもよいではないかともいえる。自己実現のための活動でもあれば、一所懸命に活動して燃え尽きてしまうのもよいではないかという意見ももっともである。それこそがボランティア活動の真髄である。どちらをとるか、どちらでもよいように思うが、それは結局、活動に参加するその人の人生観と重なり合うのではないか。

前向きないい方をすれば、日々の雑事に煩わせられないで中長期的な視点を維持できるということである。

発展途中での挫折　　アントレプルナーの熱意がまだ残っているところでは、第一線のサービス・コアが、活発に活動をすることでミッションの達成はできるが、やがて、その威光が後退することで、管理コアを整備しなければなら

なくなる。それは、ビュロクラシー化を進めることであって、カリスマが後退しても、アントレプルナーが役割を終えても、組織そのものの運営に支障を来さない枠組みの構築である。前述の発達でいえば、形式化の段階である。その場合は、マネジメントは実務家に委せてしまうことになる。アントレプルナーは熱意だけ、創業の価値を伝えることだけに役割を限定するのである。

しかし、実際には、そのようではないことが多い。継承問題は難しい。極端にいえば、ほとんどのボランティアの集合からはじまった組織が、代継承を果たせずその人一代の事業として役割を終えることになる。ボランティアの熱意に支えられる組織としては、それでもよいのかもしれない。

組織であるために

以上で述べたように、ある程度、成長しなければ、組織として、経営体として議論するためには不足というべきである。組織になるための境目は明確ではないが、少なくとも、組織としての方向づけ、つまり戦略が合議で決定されるようになってから、つまり形式化の段階以後である。ボードはあっても有名無実化していることも多い。それが実質的であるかどうかの評価によって、まだ成長の段階にある非営利組織と、本格的に活動しているそれを識別するという考え方もある。要は、単なる目標達成のシステムであることだけが組織としての前提ではない。

組織とは何かを、簡略に定義すれば、役割期待が定式化されること、つまり、誰に何を期待するかについて、誰もが承知するようになることであり、さらに、それが、通常、縦関係に広がり、一定の秩序を有するようになること、つまり、ヒエラルキーとして成り立つことである。その結果として、あるいは、そのために

こそ，効率的に稼働するように期待されることである，つまり，そこでは，成果の是非を問われるのである。そのためには，合議，あるいは集合的な意思決定がなされなければならない。本格的な組織とは，ダフトのテキストによれば，以下の4つの要件を満たすことになる（Daft [1995]）。

(1) 社会的な実体

組織とは人間の集合から成り立ち，その彼らが互いに働きかけることで，組織として有意味な機能を果たすことになる。誰もが，社会的に，そこにある実体として認識できなければならない。

(2) 目標指向

その実体は，必ず目標を有している。その目標を達成するために，組織として存続することになる。逆にいえば，目標がなければ組織は雲散霧消してしまう。目標のほかに，ミッションやビジョンを加えることもある。

(3) 意図的に構造化された行為システム

目標を達成するために，バラバラになりがちな行為は1つにまとめられ，さらにいくつかのまとまりに分割されて，それらは互いに協力し合えるような仕掛けにつくり変えられる。つまり，協働システムになるのである。

(4) 相互に行き来のできる境界

また，その実体は，組織としての境界を有して，他とは区別される。その境界は閉じられるのではなく，それを通して，他の組織と目標達成に必要な資源や情報を交換している。つまり，環境を考えなければならない。

ボランタリーな集まりが，以上のような特徴を備えた非営利組織に至るということは，1つのまとまりのある，他から区別され

る何かになることである。バラバラな人間が集まってバラバラなことをしでかせば収拾がつかなくなるのはごく自然の成り行きであり、社会的に有意義なことは何もできなくなる。個人の意図を超えたシステムを具備することで、いわば司令塔ともいうべき人や部門が専門的にできることにより、組織らしくなる。それがビュロクラシー（bureaucracy）である。

しかし、まだアソシエーションの段階にある組織と、発展したビュロクラシーの特徴を完備した組織の境界を、どこからどこまでと定めることができないのは、たとえボードができても、その運用は一人の恣意によるようなことが大きく、実質的に機能しないようなことがあるからである。ただし、これも繰り返すが、形式化を遂げる組織はそれほど多くはないという現実を、冷静に承知しておくべきである。

4　組織としての成熟

ビュロクラシーの採用、または構造化

ボランタリーなアソシエーションが、以上のような特徴を備えた組織に至るということは、バラバラな人間が集まってバラバラなことを考えて収拾がつかなくなっては、社会的に有意味になることができなくなるため、個人の意図を超えたシステムを具備することで、その目標の達成を図る、またはそれを促すことを意味する。

ボランティアが考えていることを、それぞれバラバラに実現しようとするのでは、その個人の思いが小さく実現するだけである。

もしかすると，その小さな思いが互いに混じり合い，絡み合い，その効果を相殺(そうさい)させてしまうようなこともありうる。その調整も含め，大きな目標の達成に向けた安定的な構造をもつことが必要になる。この構造はまさしくビュロクラシーである。見方を変えれば，この集合から組織に至る官僚制システムの採用は，構造化として捉えることができる。

構造化とは，目標達成のための個々のタスクが役割や地位に応じて分与され，誰が誰に指示を下して報告させるかを定義し，公的な協働メカニズムの安定的な相互関係（Robbins［1990］）に至ることである。ただ人が集まっただけでは，その関係が絶えず変更され一定しないが，やがて，役割が分化してそれぞれの担当が明確に決められるようになると，しかも，それが一時ではなく長い期間に及ぶ仕事になると，構造ができるようになり，その結果として組織が成り立つことになる。

中心性，複雑性，公式性

その組織の構造とは，通常，さまざまの要因の組み合わせとして理解される。その中でも，とくに中心性（centrality），複雑性（complexity），公式性（formalization）の3つの要因は重要である（Robbins［1990］）。中心性とは簡単にいえば，意思決定が分散しないで集中的に行われる程度であり，また，組織を構成する要素が多くあるほど，複雑性が高いとされる。さらに，基準や規範がメンバーの行動を規制するほど公式性が高いとされる。意思決定が集中するほど，組織の部分が多くなるほど，基準や規範などが公式的になるほど，構造化が進み，ビュロクラシー化が進展するとされる。ただし，その程度はさまざまに組み合わされ，さまざまな特徴を有したビュロクラシーのシステムが成り立つの

で，三点セット揃いの組織だけがすべてではない。

　ボランティアの集まった組織の構造化については，組織化とともに構造の変化も顕著に見られるとされ，一般的に，中心性は，設立時に比べると低下し，複雑性は増している。しかし，公式性の変化は大きくはない。中心性の低下は，設立時のカリスマ的なリーダーの退場と，それに伴う合議的なシステムの採用によるのであろう。

　実証的な分析としては事例が少ないために一般化は難しいが，組織として成長を遂げても，通常のビュロクラシー・モデルで表示されるようなシステムを，典型的に採用することはそれほど多くはないのではないかと考えられる。

　つまり，さまざまな仕事を取り込みながら組織を大きくすることになり，それを運営するための規範や基準は，ある程度，必要に応じて公式的に標準化させるが，意思決定は，当初はアントレプルナーのような一人か，多くても数人に集中させていたものを，やがて，分散決定に切り替えながら，現場の意思を重視するようなシステムに変換させるようになる。しかし，組織化をすすめながら，ビュロクラシー・モデルでは理解できないようなところを残存させることも必要である。人々の任意の集合と，それを組織的に統括しようとする構造化は，本来，折り合いがよくない。自主自立をモットーとするボランティアと，指示命令系統を機能的に働かせようとするビュロクラシー・システムが競合の関係にあるのは，むしろ当然であろう。

組織としての成熟

　しかし，とりあえず構造化によって，さまざまな経緯を経て組織として経営されるようになる。以下では3つの視点から，組織になるための，い

わば成熟の基準を考える。非営利組織が，普通の経営体になるにはどのような基準が欠かせないのであろうか。ボードができただけでは，その中身がなければ組織らしいとはいえない。

(1) 文書化

組織とは，個人的な気まぐれや勝手を少なくして，誰もが同じように考え同じように行動するシステムをつくることである。個人のスタンド・プレーを少なくすることである。勝手な思い込みだけでは，たとえ善意の発露にしても，迷惑に転じることもなくはない。組織としては，誰がしても同じようになること，均質のサービス提供が望ましい。

そのためには，何をすればどのような成果を得たか，得なかったか，また，そのために，どのような，ヒト，モノ，カネ，あるいは情報のような資源を必要としたか，そのために，どれほどのコストを費やしたかについて，できるだけ詳細な資料として残して，それを蓄積することが重要である。文書化である。それによって，誰がしても同じ成果を得るようになり，気まぐれや勝手は少なくなる。役割や課業が正確に定義され，特異な，または例外的な判断を要するところや曖昧なところがなくなり，活動しやすくなるという利点もある。

また，文書を蓄積することは，それに至る長い経緯を明文化するということで，いわば歴史を有することとほぼ同義である。

(2) コミュニケーションのルートの確定

その組織がたとえ寄り合い所帯でも，組織として成り立たせるためには，連絡網を整備しなければならない。とくにスタッフと現場には太い連絡のためのチャネルが敷かれなければならない。意思が疎通しなければ，組織そのものが機能不全に陥る。現場は

それぞれ勝手に行動し，スタッフは文句を言うだけである，それでは何もできなくなる。必ずしもヒエラルキー的な回路である必要はないが，誰が誰に指示し，誰が誰に報告するかという流れは定めておかなければならない。情報が血であるとすれば，それが円滑に流れない血管は欠陥そのものである。コミュニケーションの回路ができていない組織は，体ができていないも同然で，組織ではない。

　また，現場がいくつかあれば，それを相互につなぐようなコミュニケーション回路も必要である。活動が重複したり，またクライアントが同じであったりすると，活動にムダが生じる。器材などの融通も横のコミュニケーションを必要としている。とくに非営利組織は後述のようにフラットな組織なので，活動量が増えるほど，横に広がることになる。横を効果的に連結するコミュニケーション・チャネルが機能しなければ，それだけコストが嵩むことになる。

(3)　スタッフとライン

　構造化に伴って，さまざまな変化を受け入れることになるが，その最初の変化は，役割分化であり，とくにオフィスにいて支援活動をするスタッフと，サービス活動の現場にいる活動の当事者，つまり，ラインとの分化である。これはいくらか階層分化を伴い，ヒエラルキーの成立に近似することもある。いわば上司と部下の役割分化に擬することもできなくはない。指示を与える人と，それを受ける人に分かれる。しかし，この分化には最少に抑えるようなしくみが働くことが多い。階層分化をなすがままにして，それに拮抗するメカニズムが働かなくなると，現場の活動が意欲的ではなくなる。指示を受けたり，命令されたりするだけの関係が

続くと，現場の士気は低下する。

　具体的にいえば，非営利組織も大きくなるほど，スタッフ機能は持ち回りや片手間仕事ではなく，専任者によって執行されるようになる。資材の調達や関係者との連絡調整，給与の支払いなどのために，彼らの役割はいっそう重要になる。しかし，重要になるほど，現場でサービス活動を展開している人との間に離齬(そご)が生じやすくなる。本来，彼らは，葛藤関係にあるといってよい。たとえば，クライアントに直接相対して，その要求に応対する現場のボランティアは，オフィスのスタッフが現場のことを知らないといい，スタッフはスタッフで，コストを考えず無駄なことをしていると現場に批判的になったりする。活動が大規模化すれば，その心理的距離感は大きく感じられるようになる。その乖離(かいり)を小さくすることは，組織化とともにスタッフの役割が大きくなれば，避けられない課題となる。

発達の限界

　組織として見なされる非営利組織は，とりあえず法人格を取得しているということで，ボードを備え，前述の組織であるための要件を備え，構造化を果たしているといってよい。しかし，その基盤は，資源調達の環境依存の度合いが大きいので，無理や背伸びをすれば直ちに行き詰まる。自転車操業を繰り返すことで破綻(はたん)に向かうようなことも少なくない。資源の不足に耐え我慢の工夫をすれば，いわばニッチ狙いともいえる行い方で，小さいままで，活動を続けることはできる。大きな組織にまで無理をして発達することはない。通常の法人でも，その壁を乗り越えることは少ない。ましていわゆるNPO法人などでは，その壁を超えることに関して，逆に，その存立の正当性に疑義が挟まれることさえもある。

なぜ限界があるのか。非営利の限界であるといってもよい。自ら独自の経営資源を，何の干渉も受けずに入手できれば，いくらでも独自の考えで行動できる。しかし，その最も基本的な資源入手を自由に行えない制約が多く課せられ，他律的で，状況依存的であることは，経営の拡大に向けての意欲を抑え込むように働くことがある。野心的な事業家が出て，その限界を超えることもなくはないが，やはり例外的である。

　非営利組織は，その発達段階に合わせて，マネジメントの方式を考えることが必要である。協同組合のように設立当初からある程度のしくみを備えているものもある（富沢・川口編［1997］）。組織化の，どの段階にあるかによって，マネジメントは決定的に相違する。

　たとえば，国際赤十字社やYMCAのようなグローバルな巨大組織から，国内だけでの活動ではあるが，大規模企業にも擬すことのできる組織，ただ体裁だけが組織的になったようなところ，数人の仲間だけの個人商店のようなもの，さらに，店さえもたない行商に近いようなものまで，その発展段階に応じてさまざまである。その段階に応じたマネジメントがあるということである。そのすべてについて，あたかもすべて組織であるかのように考えて，一律の経営技法を適用するのは無理があり，適切とはいえない。

　どの段階で，意図的に発達を止め，活動ドメイン（領域）を区切ってしまうかが，非営利組織全般に通じるマネジメントの要諦である。その壁＝限界を超えてしまえば，経営の破綻に至ることもありうる。

ネットワークとしての組織

なお、巨大組織になってしまえば、自前の資源の活用を前提とした通常の経営管理的な議論で済ませることができるが、多くは自前では何もできない。ほとんどの非営利組織はその意味で脆弱である。互いが相互依存しないと行き詰まる。近年、それらをネットワーク組織に置き換えて議論する傾向がある。小さな組織（実質的には集団）であることが多いから、自前の資源調達が難しく、いくつもの組織が連携することが欠かせないのはマネジメントの必然ともいうべきであるが、さらに、公的なセクターや企業など多くの外部アクターによって支援されなければ、組織として成り立たないとされている。要するに、ネットワーク組織とは、資源の不足を余儀なくされ、互いに依存しなければその存立が危うくなるような場合における、その相互依存関係の構築に関わるマネジメントの考え方である。

外部アクターから影響を受け、それに応諾的に、他律的に対応せざるをえない、つまり、資源を多く他の組織に依存しなければならないとすれば、その管理の基盤は限定的で、脆弱である。その限定された状況を打開する、あるいは、そこから少しずつでもよいが、メリットを得るためにはネットワークを構築して、一方的な依存関係をなくし、少しでも多くの情報を得るための経営努力を重ねることが重要である。その意味では、そのネットワーク組織のモデルが適用される必然性は大いにある。

しかし、そのモデルの適用は一定の限界を有することにも留意しなければならない。このモデルの不十分なところをそのまま引き継ぐことには問題が残る。ネットワーク組織論には、権威の成り立ちや意思決定のコスト効率に関する考察が不足することが多

いからである。緩やかな連合には互いが必要であるときだけに融通すればよいという柔軟な対応が可能である反面，いわば確たる司令塔を欠くことにもなるので，資源の適正配分や緊急の意思決定などに不都合を来すこともある。

その不都合を顧慮しても，非営利組織は，小規模の脆弱な集団から，コスト効率を考えなければならない組織への脱皮において，そのマネジメントを考えなければならない。むしろネットワーク組織を積極的に活かす試みが必要である。ネットワークを構築しながら，資源の安定的な確保が可能になり，クライアントを確保できる。したがって，管理コストも節約できるようになる。

•••▶ 練習問題

1. 非営利組織を立ち上げるためには，どのような資源がいるか。さらにそれをどのように調達すればよいか考えてみよう。
2. 立ち上げる場合，中心となる人たちはどのような資質を備えるべきであろうか。とくにソーシャル・アントレプルナーと目される人たちは，どのような人たちであろうか考えてみよう。
3. すべての非営利組織に当てはまることではないが，その組織の活動を継続するためには，それを引き継ぐ人が欠かせない。どのような人たちであるべきか，どのように継承させればよいか考えてみよう。

【さらに深く学ぶために】

田尾雅夫［1999］『ボランタリー組織の経営管理』有斐閣
　　ボランティアが主体の組織について，経営学の用語用法によって，その成り立ちを分析している。著者が社会福祉学科に在籍していたときの研究活動をまとめたものである。ボランタリズムというメンタリティを中心において，組織の中でボランティアがどのように考え行動

するかについて考察している。

田尾雅夫［2001］『ボランティアを支える思想——超高齢社会とボランタリズム』アルヒーフ

　ボランティア活動そのものについて，主に社会心理学的に考察している。自発性といい無償性といい利他性といい，従来から心理学，あるいは社会心理学の中で議論されてきたことである。それらのメンタリティを備えたボランティアがどのように考え行動するかは，心理学的な知見に基づいて議論されるべきであるが，組織論の立場からは，その視点を重視した類書は少ないようである。ボランティア活動の中のリーダー的な人たちに読んでほしい。

田尾雅夫［2004］『実践NPOマネジメント——経営管理のための理念と技法』ミネルヴァ書房

　NPOとして発展する過程で，その段階にふさわしいマネジメント理論があることを説いている。たとえば，ボランティアの自由な集まりでまだ組織としては未成熟ともいえる段階では主体性重視であるが，大企業のようなNPOに至れば，企業経営と変わるところはなくなる。それぞれの段階にたいする管理の考え方も手法も相違するという，組織発達論に準拠した経営管理の理論も技法をあるべきで，その意義を実践という表題に込めている。

田尾雅夫・川野祐二編［2004］『ボランティア・NPOの組織論——非営利の経営を考える』学陽書房

　現場に近い研究者たちが集まって，ボランティアやNPOの組織について論じたテキストである。上記のテキストに比べると入門的であり，この領域について知識の少ない，たとえば，教養課程のテキストとしては最適であろう。

桜井政成［2007］『ボランティアマネジメント——自発的行為の組織化戦略』ミネルヴァ書房

　ボランティアを人的資源と位置づけて，その活動の実際について，多角的にまとめている。たとえば，どのように募集するか，適性評価を通じての適材適所への配置，あるいは訓練などを論じている。たとえ自発的に参加するとしても，その意欲を1つの方向にまとめるという組織化の戦略を欠くべきではないと論じている。

第3章 非営利組織を動かす

ガバナンスの機能

YMCAの銀輪部隊広島へ・原爆反対運動（1954年7月）

1 組織としての特異性

サービス組織として位置づける

　非営利組織は概してサービス提供の組織であることが多い。サービスを提供する場合には特有の問題が付随する。端的にいえば，サービスとは本来，不可視であり不可触である。目にみえるものではなく手で触ることもできないものである。したがって，それを客観的に評価できないという難問から逃れることはできない。非営利を管理するという基準以上に，これは難しい問題を提起している（Sasser［1976］）。

非営利組織で働く人たち，たとえばボランティアが組織のために活動を重ねても，組織への，さらには社会への貢献があったかどうかを評価するための明確な判断基準がない。まず，その成果とは，クライアントとの個人的な関係の中で，いわば主観的に評価される。その活動を集約したものが組織や社会への貢献であるとすれば，その評価の根拠はきわめて脆弱である。熱心に，誠意をもって行動すればよいではないかということになるが，それを無視する人も，逆に誤解してしまう人も少なくない。

　成果が可視的でないから達成度を確実に知ることはできない。それだけではなく，組織の資産（asset）として評価できるものが限られる。また，それは，専門的なスキル，知識，ネットワーク，特定の個人的な関係など，非常に特異なものである。もし，困難に遭遇して破産し，再度出直そうとしても，清算できないものが多くある。一度失った信用の回復は難しい。たとえ出直すとしても，もう一度新しい分野を開拓することになるが，再度ゼロからの資産の蓄積になる。

　要は，以下で詳述するが，合理性を実現するために，または，目標の達成のためにできるだけコストを少なくするという場合，その算定基準が明確ではないといえる。マネジメントそのものが合理性を前提とはしない。しかし，絶えず試行錯誤的になされ，あるいは，それが行き詰まれば勝手なことが許されるというのではない。評価が難しいことを前提に，目標を定めてそれを達成するための内部管理を行うのである。したがって，その目標に対する生産性や効率のよさを知るための手掛かりは，外部にはほとんどないといってよい。よくやっているようであるとか，まじめであるとか，信頼できそうであるとか，熱心そうであるとかなど風

聞だけで評価されるようなこともある。結局，その評価は，うわさに左右されやすいのである。

　しかも，前向きの印象を与えると，判断の根拠が希薄であってもよい評価を受けるようになる。逆に，悪い印象を与えると，真偽の評価をしないまま，よくない組織であるかのような扱いを受けるようになる。客観的な評価指標が少ないだけに，それに反駁することも難しい。先手を打って，名声（reputation）の確保を試み，信用（trust）を得ることが，この組織の最大の課題である。マスコミを活用したり，市民運動への参加などによってイメージの向上を図ろうとすることもある。何かの，すでに名声を得たブランドに便乗するようなこともある。いわゆる広報活動は，この組織の市場戦略において非常に重要である。

　しかも，一度確定した信用は簡単には消えない。第一印象は強いものである。しかし，悪い印象を得れば凋落も速いこともある。その意味では，マネジメントの脆弱さは払拭できない。このような脆弱さは，同じ領域で後発のサービス提供活動をはじめる場合に，非常なコストとして覚悟しなければならない。信用が重要な資産であるとすれば，それを得るために活動開始の初期のつまずきは決定的なダメージになる。

　したがって，万が一の崩壊，それに至らないまでも活動範囲の縮小に備えて，マネジメントの受ける衝撃を和らげるための方策としては，とりあえずは可視化できる代替を工夫することが重要である。やはり営利に代替できるような指標を確立すべきということになる（Ryan［1980］）。たとえば，対象になるクライアントの人数，動員可能なボランティアの人数，補助や助成の金額などである。個々の信用や個人的なスキルのような個人的な資産を，

1　組織としての特異性

研修などで属人的でない組織共有の資産に移行させておくことも必要であろう。研修の頻度なども信用につながる。熱意や誠意を可視化する工夫である。

組織としての特異性

このようにして成り立つ非営利組織は，最も一般的とされる企業組織のモデルでは適切に認識できないような特異性を有している。それぞれの組織カテゴリーはそれぞれ固有のドメイン（事業領域）を有し，それぞれに特徴的であるのはいうまでもない。それをあらためて強調しておかなければならない。

メーソンは，このようにして生成された組織の特徴を，営利組織と比べて，以下のような14点にまとめている（Mason [1984]）。

① サービスの市場価格が正確に測定できない。
② 目的が，営利以外にある。
③ 目的達成のための最も基本的なツールは，説得によって生み出される信念，そして活動である。
④ リソースの調達とサービスの配分は2つの異なるシステムをつくっている（企業では，この2つの過程は統合されている）。
⑤ 特別の顧客（constituency）を有している。クライアントという以上の，社会的に位置づけられた顧客を対象にした組織であることを含意している。
⑥ 企業は金銭を目的（end）にするのに対して，この組織では，それを手段（mean）としている。ということは，成果よりも過程を重視するということである。
⑦ 法的に格別の立場を享受できる。特別な法律でその存続を保証されていることが多い。
⑧ 何らかの目標達成を優先させるとすれば，損益の評価基準

（profit-and-loss criterion）をもたなくてよい。
⑨ 管理に外交（diplomacy）を必要とする。企業では，自律的に管理でき，語弊があるが勝手もできる。しかし，この組織の場合，自らを取り巻く環境への心配りが最大限重要になるということである。
⑩ 多重な目的を重ね合わせて有している。つまりいくつもの目的が並存することも多い。企業ではまさしくただ1つ，利潤追求である。
⑪ 特徴的な社会的な性格を有している。要は，社会的な組織であり，向社会的な貢献が期待されるということである。
⑫ 活動に必要なリソースに制約を加えられることは，企業に比べると少ない。自前の利益がないのであるから当然である。
⑬ リソースを過大に消費しても存続できる。赤字を出しても許されることがある。
⑭ その組織としての成り立ちは，企業に比べると複雑である。いくつもの目的を抱え込むのであるから仕方がない。

このような特徴を備えた，本格的な非営利組織は，企業組織にはない弱点と長所をもつことになる。それが特異な様相を見せる原因でもある。それぞれの特徴の絡み合いが，その組織のマネジメントに与える影響は大きい。

組織となったボランティアの集合がマネジメントの対象になるが，しかし，それは本来，ボランティア自身の自己イメージにはそぐわないはずのものである。自主性や自発性を重視することを旨とする活動を，否応なく組織の歯車の中に組み込まなければならない。そのためのマネジメントである。

それは，ボランティアという社会的資源の有効活用という観点

からは避けられないことであり、社会全体を1つのシステムとして捉え、その中でボランティアの活躍の場を提供するためには必要なことでもある。組織化を前向きに捉えることは当然のことであるが、その中でボランティアの本来のメンタリティを相殺(そうさい)しないためのしくみを工夫することは、最も重要な管理技法の問題になる。

2　ガバナンス

ガバナンスとは何か

以上のような特異なしくみには、それを支える特異なしくみがある。そのしくみを誰が支えているか、誰が責任をもってマネジメントしているのかを重視した議論がガバナンス論である。

コーポレート・ガバナンス（corporate governance）という語は、1990年代を通して、とくにその後半、流行語のように使われた。「企業統治」と訳されることが多く、企業を健全に運営するためのしくみ一般を意味している。経営者に権限が集中することによって暴走や独走に至らないように監視でき阻止できること、そして、組織ぐるみの違法行為を監視でき阻止できること、さらに企業理念を実現するために、従業員も含めてその方向に協働しているかを監視することを大きな目的としている概念である。要は「企業は誰のものか」ということである。傾向としては、株主重視の視点から論じられることが多く、経営者の恣意(しい)や勝手で企業を壟断(ろうだん)すべきではないという含意がある。

そのためには、組織の透明性を向上させなければならない。迅(じん)

速かつ適切な情報公開などと密接に関連している。遵法性（コンプライアンス）が確保され，経営内容が健全であることが周知される。この場合，周知とは，利害関係者（stakeholders）へのアカウンタビリティ（説明責任）を徹底することである。それを徹底させるとは，経営者の責任を明確にすることである。暴走や独走を阻止するというのはこのことである。具体的な例としては，取締役会に社外のメンバーを入れることやその数を多くすること，株主総会において選任された取締役の職務執行の適法性を監査する監査役を置くことなどがある。

以上の議論は，当然，非営利組織にも適用される。

ガバナンスとマネジメント

繰り返すと，ガバナンスは理念でもあるが，仕掛けでもある。組織とは誰のものか。誰が運用しているのか。それを誰が承知しているのか。そして，よりよいとされるガバナンスは，よりよい成果を得ることによって評価される。そのためにはよりよいマネジメントが前提となる。マネジメント，つまり経営管理とは，ヒトやモノ，カネ，そして情報などの経営資源を活用して，できるだけ多くの，そして良質の成果を得るように仕組むことである。情報を除けば，そのほかの資源については十分ということが少ない。少ない資源を活用することが，経営者や管理者の腕の見せどころである。その見せどころの成果が，後述する合理性である。

マネジメントによってガバナンスは成り立つ。マネジメントの失敗はその基盤を脆弱にする。資源をムダに浪費してしまえば，成果は乏しくなる。質を落としてしまえば，消費者は信用しなくなる，そして買わなくなる。財務状態が悪化すれば株価も下がる。

2 ガバナンス

極端な場合，スキャンダルに巻き込まれれば，それだけで存続自体が危うくなる。逆にいえば，少ない資源を劇的に有効活用できれば，たとえば，特許の取得や新製品の開発などは，間接的ではあるが，その企業にたいする信頼を増すことでガバナンスに貢献する。マネジメントは，合理性の達成に向けて考え行動することであり，ガバナンスの向上と表裏一体の関係にある。

合理性とは

ガバナンスとは，それが誰のものであるかを問いながら，その誰かのために何ができたかを問うことである。誰かのものであっても，その誰かのために何もできなければ何の効用もない。何ができたかを問うことが合理性の基準といわれるものである。効果的に，その何かができなければ，組織である意味はない。合理的な組織とは，ガバナンスのために効率的な組織であるということである。ガバナンスは合理性によって裏打ちされるのである。

では合理性とは何か。組織は合理性を達成しているかどうかによって評価される。できるだけ少ないコストで，できるだけ多くの成果を得ることが組織構築の本来の意味である。コストの節減，それに反比例して，それでも多くの成果を得ることができれば成功した組織として評価される。この一連の評価は**経済的合理性**として位置づけられる。それには，さまざまな指標（生産性，経済性，効率性。たとえばBerman［1998］）が供せられている。コーポレート・ガバナンスは，この合理性を達成することで，利害関係者に了解される。たとえば株主への配当金が増すことになる。

しかし，それとは別に，**社会的合理性**が考えられる。経済的合理性だけでは，その組織の社会的な意義を明らかにはできない。経済的合理性を究極まで追求した企業が，不祥事を起こしている

のはしばしば見られることである。その場合，ガバナンスが機能していないとか，経営幹部の倫理などが問題とされるが，この合理性には，しばしば「勝てば官軍負ければ賊軍」というニュアンスがつきまとう。企業が利益を上げて，株式の配当を増やし従業員の給与を上げれば，とりあえずその過程は問わないというのは，理の当然である。しかし，不祥事の後始末に株主や従業員が巻き込まれ，社会にたいしても損失を直接的にさえ及ぼしているのは，すでに周知のことといってよい。当然，配当金は大きく減る，したがって，ガバナンスについても疑わしいとされる。

　組織は，この社会で有意義とされる位置を得なければならない。とくに非営利組織ではそのことが強調される。その組織が発する成果が社会に役立つかどうか，この社会の維持，そして発展に寄与するかどうかが，合理性を評価する基準である。この社会には，不正があってはならないことであるし，不公平なことも少なくしたい。貧富の差を少なくし，誰でもが幸せに暮らせるというしくみづくりが目指されなければならない。非営利組織の多くはそれに貢献することが期待されている。それを包括的にいえば，社会的合理性の達成である。僻地(へきち)の病院のようなケースでは，たとえ赤字を出したとしても必要なのである。医療や保健，福祉の領域では，経済的合理性よりも社会的合理性の方が重要であることも多い。非営利組織にとっては，当然，後者の方が重要である。そのことを承知すれば，ガバナンスの第一歩は確保できる。

3 ミッションの確立

ミッションの役割　以上の、誰のための組織かというガバナンスの所在を明示し、それに方向づけを与えて合理性の達成に結び付けるのが、第1章でも述べたミッション（mission）である。とくに社会的合理性のためにはミッションを前面に掲げることがある。ミッションとは達成すべき使命であると言い換えてもよい。

しばしば引用されるが、ピーター・ドラッカーの著書において、その自己評価の、最初のページに掲げられた基準は、「われわれは何を達成しようとしているか」である（Drucker [1990]）。何をすべきか、個々には動機づけるものがあっても、それを組織として最大動員を仕掛けるためには、組織として何をすべきか、その向かうところを明確に提示する必要がある。ミッションという仕掛けが欠かせなくなる。明文化されるほど、それはいわば憲法のような働きをするようになる。そこまでに至らないことがあっても、私たちがすべきこと、しなければならないことといったような合意、約束事があった方がよい。何か壁に当たったり、失敗などを重ねると、語弊はあるだろうが、やせ我慢にも似たミッションが欠かせなくなる。その今を凌ぐためにも、ミッションを必要とするようになる。

ミッションの意義　要は、非営利組織では、ミッションとは、その組織が達成すべき究極の目標として語られる。少なくとも、その組織が向かうべきとされる方向を包

括的に示すことになる。再度ドラッカーによれば，ミッションは，簡潔，しかも明瞭に語られなければならない。しかし，他方では，誰からも疑義を挟まれたくない，いわば反証ができないような仕掛けも工夫される。

その意味では，抽象的な，または，いわば響きのよい文言を並べておけばよいようでもあるが，この組織ではそのミッションの文言自体に，以下のような働きを期待するために，美辞麗句をただ羅列するだけでは済まされない。

まず，そこで働く人たちが，そのミッションの崇高さを感知できなければならない。それを心底感知できれば，否応なく，それぞれの個人は活動に動機づけられる，やる気になれる。したがって，奥深いところで，ミッションは，そこにいる人たちを意欲的にさせる。理想的には，誰もが，その価値に共感すれば，直ちに内面化されるようなものである。活動をしている最中にも，脳裏に浮かぶような，いわばキャッチ・フレーズとまでは極端であるが，心に染みるような文言であると，さらに内面化は促される。動機づけのためには，その崇高さとキャッチ・フレーズとして表現できるような近づきやすさとを兼ね備えたミッションであることが望ましい。

また，それは，組織の外部にいる人たちから，支持を調達するために伝達されるメッセージでもある。それを利用するユーザーたちの信頼を得ることであり，また，ドナーやスポンサーを多く得ることは，このミッションへの支持を得ることである。つまり，支持や支援を得るための仕掛けとしてのミッションである。そのためには，さまざまの関係者たちにたいして，支持や支援を得るように積極的に発言するようにすべきではある。

3 ミッションの確立

しかし,他方,彼らもまたさまざまの思惑をもっている。ミッションが明確になり,ドメインの定義が具体的になるほど,彼らとの駆け引きも多くなり,身勝手なミッションでは,ユーザーやドナー,スポンサーとの関係が拙くなるようなこともある。信頼関係が失われてしまえば,それまで伏せられていた利害が一気に表面化することもある。崇高さは,誰もが納得する論理と,どこかでつながっていなければならない。

ビジョンとの相違

なお,ミッションと同様にビジョン(vision)ということがよくいわれる。図3-1のように厳密には区分しておいた方がよい。ビジョンとは,いわば夢である。その夢を見ないと,明日がない,今日さえないということがある。であるから,達成したい,もしかして達成できないかもしれない。夢のまた夢である。しかし,ミッションは達成されなければならない。それがいつまでも達成できなければ,その組織の存立について疑義の申し立てを受けるかもしれない。中にいる人からも,外の関係者からも疑義はありうる。そうなると組織存亡の危機に立つ。ミッションは,したがって,夢であっても実現できる夢である。ミッションの延長線上に,具体的な戦略が練られる。しかし,ビジョンは,その点では,あの組織はすばらしい夢をもっている,といういい方で,個々の戦略とは切り離される。ただし,実際には,ビジョンとミッションは,区別できないことが多い。

ミッションを重視すれば,それがあってのマネジメントであり,ミッションに従って戦略が策定され,日々のルーティンを監視することになる。通常の企業組織では,ビジョンの重要性が喧伝(けんでん)される。普遍的ともいってよい。どこにでもあり,どこにでもある

図3-1 ビジョンとミッション

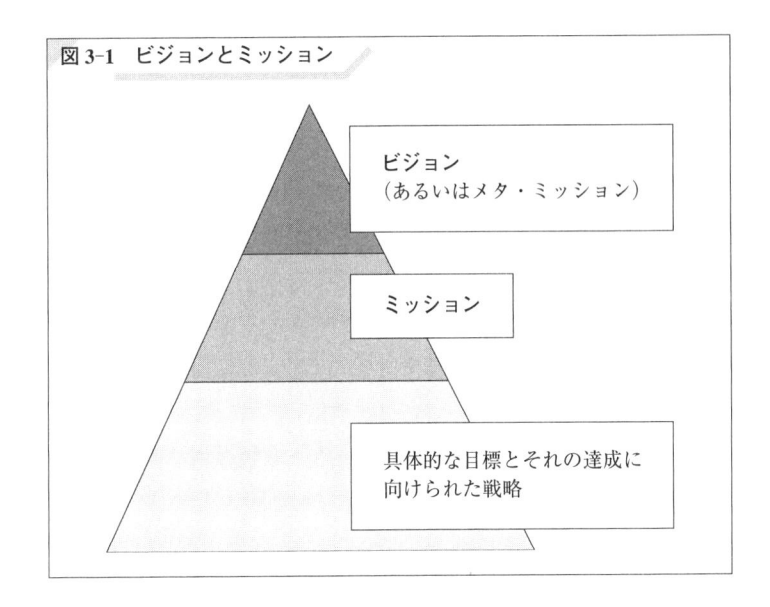

- ビジョン（あるいはメタ・ミッション）
- ミッション
- 具体的な目標とそれの達成に向けられた戦略

べきである。というのは，誰もが共有できる，また共有しなければならないとされるビジョンは，本来，規範的な性格を有している。夢に近いだけに，何か大きな失敗に直面しても，それで乗り切れるようなことがある。将来は，必ずよくなるであろうという期待を抱かせることで，当面を凌ぐことができる。ビジョンによる統合が，どこにおいても，どこかで必要になる。それの欠けた組織は羅針盤を失った船のようである，といういい方がある。誰も彼もが好き勝手をいうだけでは，船頭が多いだけの，どこに行くのか行方の定まらない船のようでもある。

　非営利組織では，さらにいっそう，そのビジョンが規範的な色彩を帯びて，それに準拠することが，当然のこととされるようになる。参加する以上，それぞれの個人が，その内面化を自然の成り行きとするようになる。ビジョンはミッションとなり，ミッ

ション優位の組織になる。夢を追いかける組織になる。だが、それだけに、規範が強制されてファッショとなるような危ういところもなくはない。果てることがない夢を見ることと、今日や明日、何をするかを考えることとの間には断絶がある。その間を微妙につなげることがマネジメントの働きである。

ミッションの構築

さらにいっそうミッションの重要性は強調されなければならない。夢がなければ、今の現実に耐えようという意欲が萎（な）えてしまうこともなくはない。ミッションの構築は欠かせない。さらにいえば、非営利組織は、多くのユーザーやドナー、スポンサーなど多種多様な関係者の支持を得なければならない。それらの支持を得るためには、ミッションがマネジメントの根幹に据えられなければならないからである。

では、ミッションはどのように創出されるのか。前章の発達モデルに従えば、活動をはじめた人たちの、当初の素朴ともいうべきアイディアの集合、それが洗練されながら1つのミッションに結晶化されるということ、また、地域のような外部の環境から、あるサービスが期待され、その活動を正当化する中でミッションが構築されるようなこともある。活動の中身と、外部からの期待が、互いに出会うところで形成される。

ということは、勝手にできることではない。作為によって成り立つことではない。たとえ、ある人の思いつきでも、やがて、外部からの期待との摺（す）り合わせの中で、ふさわしいミッションが構築される、構築されなければならないというべきであろう。しかし、ミッションの構築の過程には、現実に沿いながら、しかも理想を語るという、相反する2つの方向に引き裂かれるようなこと

が多々ある。真剣になるほど取り扱いが面倒ということもある。

4　ミッションの変容

> ミッションの純化

相反する2つの方向を極端にいえば、その1つは、それをともかくビジョンに近づけて、それを純粋なものにしようとする考え方であり、方向である。崇高さというのは、世間の思惑を超えることがある。誰もしようとしない、だから俺がやる、という気負いもある。そこから発して、高い山のはるか向こうにある夢をできるだけかなえようとする。ビジョンとミッションは紙一重といってよく、実際、ビジョンからミッションが大きく隔たるようなことはない。逆に、それに近づけようという動きは、止められないものである。隔たるほど、その溝を埋めようとする。ミッションの純化は自然の成り行きでもある。

しかし、純化するほど、微妙な差異に敏感になる。ミッションの在処（ありか）や方向づけについて細部で対立が生じることもある。それが高じれば、仲間割れの原因になることも少なくない。少しの違いで分派活動が出てくるようになり、やがて一方が離反するなどする。その繰り返しで、再度、ミッションの純化が達成され、1つの方向にまとまるようになる。それで強固な信念にまでも凝縮されると、やがて、神話となり、純化によってカルト的になってしまえば、暴走の可能性を秘めているといえなくもない。

便宜としてのミッション

その反対の極端は、やはりミッションは方便である、というものである。現実主義的と言い換えてもよい。組織らしくなるほど、また、大きく膨らむようになるほど、ミッションは便宜的な仕掛けにならざるをえない。納得の所産である。大人数の所帯になるほど、むしろバラバラになりがちな人たちをつなぎ止める糊(のり)のようなものになる。そこに参加する人たちは、それぞれ個人的な意図や関心を抱え、それを得たい、実現したいと考えるようになる。それぞれ自分勝手なところがあるのは否定しがたい。格段の自己犠牲までもして、それに尽くそうなどと考える人は、それほど多くはない。

非営利組織のために尽力しようとする人もいるだろうが、その比率は、規模が大きくなるに伴って小さくなる。逆に、それほどコミットメントしようとしない人の実数が多くなるのは疑いないことである。ミッションとは、そういう人たちをつなぎ止める働きをする。年数を経た多くの組織で、ミッションをことさら強調するようなことがあるが、それは現状のシステムを支えるための方便であることが多い。ということは、言い換えれば、存続の危機にあるということでもある。

方便としてのミッションがなぜ、これほどまでに重要であるのか。それは、企業のように、権限によって個々のメンバーの行動は制約できないことによるからである。スタッフや管理を担当する人たちは、ビュロクラシーの管理手法によって、スタッフや常雇用の人たち、さらに、ボランティアの考えや行動を制約できるのではなく、間接的にミッションに取り込むことで、その考えや行動の枠組みに制約を加えることになる。ミッションに賛同する

ことで，さらにいえば，それを内面化することで，1つのまとまりのある組織になれる。しかも，そのために管理コストは少なくできる。つまり，暴走を防ぐためのミッションである。

| メタ・ミッション |

極論すれば，ミッションには，純化されるにしても方便として発達するにしても，フィクションの部分がある。その組織を社会に根づかせるためには，ただ活動している人たちの理念を表明するだけではなく，その組織がその社会に有意義に存在していることを認知させる，あるいは，見せつけるための仕掛けを工夫しなければならない。そのためには，ミッションはレトリックを必要としている。モラルに訴えることも必要であるが，他方でポエティック（詩的）でもなければならない。

しかし，以上のような工夫にかかわらず，ミッションが，非営利組織にかかわる人たちの考えや行動を律する規範に代替できるかどうかは，ミッションを支える基礎的なところ，あるいは，ビジョンと重なるが，メタ・ミッションともいうべき共有された価値があるかどうかによっている。もしミッションが管理のしくみに代わるものであれば，つまり，規範や基準に代替できるとすれば，その基礎的な価値を共有できる雰囲気が醸成されていなければならない。そこでは，指示と応諾のビュロクラティックな管理ではなく，間接的にマネジメントすることになる。

しかし，有象無象ともいうべきメンバーが増え組織のサイズが大きくなるほど，多種多様な人たちが参入することになる。ボランティアも多くなれば意思疎通を欠く。それを避けるためには価値観の注入，つまりインドクトリネーションによって，メタ・ミッションを人為的に醸成しなければならない。それを行えば，

企業と相違するところは少なくなる。欧米の非営利組織に関する文献が，教育訓練に多くのページを割いているのも，この問題が大きな，しかも重要な経営課題であることを示唆している。

つまり，ミッションを自然体で内面化できる人だけが参入するのではなく，それの乏しい人も加えて，その価値に同調させる過程を並行させなければならない。ミッションが何の前提もなく，多様な人たちの集まりを支えるしくみに代替されることはない。ミッションには，組織的になるほど，制度であり構造の一部となるような人為の仕掛けとしての工夫も必要になる。

また，リーダーシップはとくに重要である。というのは，初期の発達段階では，ミッションさえも明文化されないことがあるので，対人的な，対面的な影響関係のみが，行動の方向や程度を決めることになる。以前から活動している人，活動内容に熟知している人，信頼できる人などが，その場限りではあるが影響力を行使する。そのミッションや価値を自然体で体現できる人がいないと，まとまりがなくなるのである。

しかし，その場だけの影響であるから，もし活動の中身が以前とは相違したり，一緒に活動するメンバーが入れ替わると，影響関係も変化する。したがって，ミッションの注入をリーダーに期待するだけというのでは不都合が生じる。やはり，人為的なメタ・ミッションの注入が必要になる。

ミッションの変更

非営利組織ではミッションの希薄化はあっても，通常，その変更はありえない。というのは，上記のように，そのガバナンスが，ミッションによって支えられているからである。それを変更するということは，その成り立ちを否定することと同じである。設立当初の緊張が緩

んだり，メンバーが増えたりすれば，それが希薄になることはあるとしても，その枠組みはできる限り維持しようとする。

ただし，相当の困難，そして苦痛を伴うかもしれないが，むしろ積極的に変更することもある。スポンサーやドナーの変更，あるいは社会環境の変化など，外圧による変更である。また，主要なメンバーの交替による変更もある。創立時のメンバーの多く，とくに指導的な立場にいたメンバーの退場によって，その組織の理念を根底から変更するようなこともなくはない。創業者，アントレプルナーの退場をきっかけに大きく変更することがある。ということは逆に，外部環境に変化がなく，メンバーの異動がなければ，ミッションはとりあえず維持しようという保守的な圧力はいつまでも働くことになる。運動力学を援用すれば，慣性の法則といってよい。

概して，環境が変動すれば，それに歩調を合わせてドメインも変更するであろうし，設立当初のミッションは，その要請に合致するように，変更を余儀なくされる。しかし，あからさまの変更は，多くの利害関係者の合意調達の阻害となるので，いわば用心深く変更しなければならない。やはり慣性が優位であることが多いようである。

言い換えれば，ドメインが決まれば，ほぼミッションも確定する。ドメインが揺らげば，ミッションもまた動揺する。もし何か行き詰まることがあれば，その打開策の1つとして，従来のミッションの見直しということはある。しかし，その根本に抵触するような修正や変革は，その組織としての存在理由が疑われることになるので，そこには至らないように，慎重な見直しがなされるのが通常である。

どうしても変更しようとすれば，よほどのレトリックが必要になり，前述のようなフィクションとしてミッションの再定義が密かに試みられる。設立当初のエピソードや些細な事件が味付けされて神話化され，それとは別途に，新しいミッションが制定され，並行して成文化されるようなこともある。最終的な理念には変更はないが，当面の達成課題については変更せざるをえないという使い分けである。

ただし，例外もある。たとえば，セルフヘルプ，つまり，相互扶助的な集団（田尾［2007］）の場合，当初の相互扶助的なミッションを維持できるようであれば変更の機会は少ない。相互的であろうとすれば，他に対して助力を求めようとはしない。したがって，自己完結的であり続けることができる。自己完結的であるほど，ミッションは変更させないで済ませられるのである。

なお，加えていえば，ミッションに比べると，いっそうビジョンの変更は難しい。それが理想を抽象的に表現しているからである。それを変更しようとすれば，混乱を招きかねない。

5　ミッションとボードによる管理

ミッションの維持

すでに述べたが，ミッションは，慣性の法則に従うようである。しかし，それを放置しておけば，やがて錆つくようになり，関係者の支持を失う。それだけではない，そこにいる人たちのモチベーションを低下させる。ミッションは絶えず新鮮であった方がよい。そのために，経営者や管理者は何をすべきなのか。

概して，非営利であるために経営基盤は脆弱である。ミッションを掲げてその向かうところは，そのドメインの活性化を図ることである。サービスの質をよくすることである。たとえ，ドメインが確定されていても，日々新たな気持ちでミッションに向かえるようにしたい。しかし，繰り返すが，ミッションをそのまま組織の目標とするのは雑駁に過ぎる。何をどのようにするのか，大枠を提示しているに過ぎないことであるし，実際，そのまま目標としてしまえば，何をすればよいのかわからず，それでは現場が戸惑うだけである。

具体的に何をすればよいのか，しかも，それが必ず達成できる，達成できそうなものであると認識できる目標でなければならない。それが，ミッションとビジョンとを決定的に区別させるところである。ミッションを非営利組織の日常活動の現場に適合させるためには，現場からの発想に耳を傾ける必要がある。頭と手足の連動と言い換えてもよい。

ボードによるガバナンス

ミッションの創出，そしてそれを支え，実現に向かわせ，さらに場合によっては変更することを一手に担うのが頭としてのボード (board；理事会) である。ガバナンスはボードによって仕組まれるといってよい。ミッションと日々の活動を結び付け機能的とするのはボードの役割である (Herman and Heimovics [1991], Robinson [2001] など)。その意味では，ボードは現場を支え，ミッションを支えなければならない。しかも，ボードが有効的になるほど，組織としては成熟に至るとされる。

前章で述べたアントレプルナーの果たしていた機能が，複数メンバーからなる合議システムによって遂行されるようになる。そ

Column ④　ボードの役割

　ボードがキチンと機能してはじめて，非営利組織の組織が出来上がったといってよい。それまでは語弊があろうが，組織まがいである。しかし，キチンというところがミソで，キチンができていない組織が案外多い。とりあえず有志の人が集まったということだけでは，システム＝活動のための統合的な仕掛けにはならない。当然まだ組織ではない。思考をまとめ，適否を判断できる頭がないと，手足がバラバラに動いてしまう。それだけではボランティアの向社会的な行動が活かされないどころか，迷惑なことを引き起こしてしまうこともなくはない。意思決定をキチンと行う責任者がいることで，組織は組織らしくなる。ホンモノの組織になる。

　また，ボードは決定と執行を分離するためにあるといってもよい。何をするかしないかを決めて，それに沿ってスケジュールやプラン，そしてミッションを明示したり変更を試みるのである。要は，近視眼で活動を見ないことである。ボランティアや非営利組織で働いている人たちは，目の前のことには熱心に関心を向け，何かをしようとするが，来年のこと，再来年のこと，5年先のこと，もしかして10年先のことには関心を向けようとしないことがある。この関心を引き出すのがボードの役割である。先を見通すことのできるメンバーをトップに据えることができるかどうかが，ボードの評価軸の1つである。

れはハーマンによれば，以下のような5つの機能を果たすことになる（Herman［1990］）。

① マネジメントを委譲するメンバー，つまり管理者としての役割を果たせる人を選任すること。
② ミッションの定義，あるいは再定義。
③ 企画立案。

④　予算や決算などの承認。
⑤　資金などの活動のための資源を得ること。

　これらの役割が遂行されて，組織らしい組織，そしてミッションの達成が可能なような組織になる。繰り返していえば，ガバナンスとは，環境，あるいは利害関係者の了承を得ることによって成り立つ。その活動に正当性が付与されることでもある。身勝手な活動を続けているようであると，支援を得られなくなる。当然，資金や物材などの調達に応じてくれなくなる。ミッションを達成するためには，環境から支援を取り付けなければならない。その橋渡しこそがボードの役割である。

好ましいボードとは

　しかし，他方で，属人的ともいえるボードも多く存在する。というよりも，形式的にボードはできたが，アントレプルナーやカリスマ的な創業者が，その是非はともかくその組織を実質的に支配していることはありうることである。非営利組織が実質的に，非人格的な組織に変貌することは多いことではないからである。一代限りの代継承のない属人的な集団であり続けることが多いのである。それでも，ボードが以下のような項目に関して，活動に関係者の信頼があれば，それはそれでよいといえる。巨大な組織に発展することだけが，その帰結ではないからである。ガバナンスは関係者の支持を調達する仕掛けである。活動が評価されれば，結果論であるが，ガバナンスが機能しているのである。

　以下のような機能が合議として機能していれば，とりあえずは評価できるということであろう。評価のためには，フレッチャーによれば，以下が必要である（Fletcher [1992]）。

①　法的な責任を理解している。

② 会合の円滑な運営に協力できる,あるいは運営そのものができる。
③ 地域社会に対して組織の存在を積極的にプロモートできる。
④ 長期的な戦略策定に積極的に関与できる。
⑤ 活動に必要な知識や技術を有した人材を随時採用できる。
⑥ 会合が始まるまでに送付資料を読んで,疑問点などを質問できる。
⑦ ボードが必要とする役割を積極的に引き受ける。
⑧ 財務資料を理解できる,不明な点を質問できる。
⑨ 必要な資金を調達する活動に協力できる。
⑩ ボードには独自の役割があると認識できている。

ガバナンスのしくみを整備するためには,ボードがその中心の役割を担う。その役割が不全であると,組織全体が動揺することになる。優秀な活動家を惹きつけることは重要であり,彼らにとってボードが魅力的であるかどうかは一大関心事である。彼らは生きがい,働きがいのある職場を求めている。魅力的なボード・メンバーをそこに据えることができれば,彼らは積極的に加わろうとする。ボードのマネジメントは,ガバナンスの出来を左右している。

•••▶ 練習問題

1 サービスとは何か。それの特異性を論じて,さらにそれを経営管理するためには,何についてどのような配慮が欠かせないか,考えてみよう。

2 ミッションとは何か,それを構築するためにはどのような方法

があるか，検討してみよう。

3 ボードの設立が組織化の中では欠かせない。どのように構築し，どのように機能させればよいかを考えてみよう。

【さらに深く学ぶために】

P. F. ドラッカー（上田惇生・田代正美訳）［1991］『非営利組織の経営——原理と実践』ダイヤモンド社

　現代を代表するともいえる経営学者が，企業とは相違する非営利組織に注目して，その意義や機能について，理解の枠組みを提示したテキストである。経営学者も非営利組織の経営に，理論，実践ともに関わるべきであることを真正面から論じた本で，本書の出版を期して，経営学が，企業という営利組織だけではなく，非営利という新しい領域に関心を向けざるをえなくなった画期的ともいえるテキストである。

田尾雅夫［2007］『セルフヘルプ社会——超高齢社会のガバナンス対応』有斐閣

　非営利組織は，サービス提供だけに限定すべきではない。いわゆる共助の組織も多くある。当事者集団，あるいは当事者組織といわれるものが多くある。たとえば断酒会や難病患者の会，被害者の会などである。これらは独自の特徴をもっているが，この社会の成熟や存続のために欠かせない経営体であり，それを経営学などの知見を動員しながら分析して，実務に役立つような提言も試みている。

島田恒［1999］『非営利組織のマネジメント——使命・責任・成果』東洋経済新報社（新版，2009 年）

　非営利組織にはミッションが欠かせないことを明らかにしている。何かをしたい，しかし，その何かは容易に達成できる，実現できるものではなく，彼方のはるか向こうにある。それを実現しようという持続への堅固な意志こそが非営利組織には欠かせないことを論証している。同じ著者には，学位論文である『非営利組織研究』（文眞堂，2003 年）があり，よりいっそうの理論的深化がある。

第4章 非営利組織を機能させる

管理の構造

国境なき医師団がノーベル平和賞受賞（1999年10月）

1 管理の基礎

アドホクラシー

　非営利組織は一般に成員性が明確ではなく，出入りに制約を受けないことが多い。ボランティアを主体とすれば，嫌ならばいつ辞めてもよいということである。組織への忠誠を前提としない，アドホクラシー（ad-hocracy；以下で詳述するが，とりあえずは，その場限りの，あるいは出来合いと訳せばよい）な組織である。

　ミッションを重視する限りでは，アドホクラシーの構造を採用し，ビュロクラシーを主軸とする管理形態からは，第一線のボラ

> **図4-1 2つのシステム：非営利組織に適合的なしくみとは**
>
> ビュロクラシー＝整備されたシステム（機械的）
>
> ⇕
>
> アドホクラシー＝柔軟に対応できる，したがって暫定的なシステム
> 　　　　　　　　（有機的）
>
> ⇓
>
> **非営利組織に適合的**

ンティアやスタッフ，さらには，管理者や経営者さえも距離をおこうと考える。しかし，ミッションの変容，あるいは，利他主義などの素朴かつ規範的な意義が後退したり，委託などの仕事が増えて円滑な稼働システムを構築しなければならなくなれば，機械的組織から事業部制組織まで発達し，もはや企業とは変わらない構造，マネジメントのシステムを備えるようになるのは必然の経緯である。専門的な技能を有した人が多くいると，プロフェッショナル・ビュロクラシーになる。この場合は，ビュロクラシーによるマネジメントを下敷きにしながら，分権的意思決定や上方コミュニケーションを重視する構造を構築する。

　ミンツバーグに従い，アドホクラシーの組織であることを前提に管理構造を考えたい（Mintzberg [1983]）。アドホクラシーとは，ロビンスによれば，図4-1のように古典的なビュロクラシーに対置させられる（Robbins [1990]）。第5章で詳細に論じるが，要は，環境が著しく変化するような場合，整備されたシステムでは対応できない。一時的，また，変動に対応できるような柔らかな部分を備えた形態が必要になる。環境の変動が著しいときには，機械的よりも有機的に，柔軟に対応できる組織を構築しなければなら

ない。非営利の場合はそれ以上に柔軟でなければならない。むしろ暫定的なシステムにならざるをえない。あるいは，本来的に暫定的であるということもできる。構造が絶えず変わることをむしろ当然とするような組織がアドホクラシーである。

その構造的な特徴は，水平的に課業が分化され，垂直的にはそれほど分化しない，いわゆる階層数の少ない組織にあるとされる。また，行動などの基準を公式的に定めない。したがって，権限が分権化され，環境の変化に敏感に対応でき，判断に柔軟性が求められるような組織である。組織が環境に対して適合的，さらには当意即妙的にならざるをえない。課業がプログラム化されていないので，スペシャリストが活動しなければ，その組織の目標が達成されない。

しかし，他方では，利害が衝突しても調整できない，また，責任の所在が確定しないこともある。標準化できないために，それぞれはそれぞれの思惑で考えて行動するので，組織に負荷される全体コストは大きく膨らむという欠陥も指摘される。

非営利組織におけるマネジメントの短所と長所

非営利組織は原則的に営利を目的としない組織である。そのことが内部的な管理には不都合を与えている。前述したように，環境対応において非営利組織の方が都合がよいが，内部管理においては，営利組織に比較すると，営利という基準が導入できないことで，マネジメントに関して決定的に不利をもたらすこととなる。

ではなぜ，営利組織は有利なのか。アンソニーとヤングによれば，以下のとおりである（Anthony and Young [1988]）。

① 組織の中で，営利はただ1つの基準であり，それに向けて

組織全体を動員できる。

② 組織の成果に対して，どれほどのコストを費やしたかの比較が可能であり，その量的な分析が可能である。

③ 組織が多くの事業を展開していても，それを1つの基準でまとめることができる。

④ したがって，その基準に依拠できれば，権限の委譲が可能になる。分権化をすすめて，よりいっそうの意欲を調達できる。

⑤ さらに，それぞれ異質な部門や事業所を比較して，その進捗状況を把握できるので，全体としてマネジメントが可能になる。

カンターとサマーズによっても，営利という尺度の有利さについては同様の指摘があり (Kanter and Summers [1987])，要するに，組織としての成功と失敗が，財務諸表などで明確に捉えることができるので非常に都合がよいということである。逆に，サービスといい非営利といい，非営利組織は，可視的ではないものをマネジメントの対象として，その業績の向上に努めることになるのであるから，マネジメントの困難さは，関係者たちが真剣に考えれば，想像を絶するほどのものといってもよい。

しかし逆に，内部管理としては不利もあるが，外向きにはむしろ注目すべき利点もある。逆説的ともいうべきであるが，非営利であることを逆手にとれば，有利な戦略展開が可能になる。

営利組織との競合

営利に関心を向ける組織は信用できないということがある。利益のためには出来のよくないものを高く売りつけようとしているのではないか，という不信感を払拭できないこともある。信用を得ようとする戦

Column ⑤ 非営利であることの利点

　営利に対して非営利は，組織としてどのようなスタンスを採用すればよいのか。非営利であることの利点を説く人も多いが，案外，それほどではない。非営利であることが有利に働くと考えているのならば，その甘い考えを修正した方がよい。組織としてこの社会にそのプレゼンスを大きくしたいのであれば，仲間内で競争するよりも，もしこの世界に営利の組織が参入してきた場合，どうするかを頭の体操のように考えることが必要である。仮想実験と考えてもよい。

　それほどのことはしなくてよいと考えている人も多い。しかし，もし当方のサービスを相手方が受け入れてくれなければ，クレームが相次いで出てきたら，資金がショートして行き詰まってしまったら，活動をやめてしまう人が続出したら，悪いうわさが流れてしまったらなどなどの場合，どうするか。非営利のよさは，信用や信頼が比較的に得やすいことである。それだけであるといってもよい。しかし，それだけを安定的に得るために尋常ではない努力を強いられる。飽きずに信用を得る努力を続けなければ，組織としてはやがて泡のように消えていくだけである。

略については，営利組織と競合する場合，また，それと比較する場合，戦略的に優位なポジションを得ることができる。なぜ非営利組織が成り立つのか，成り立つべきであるのか。非営利であることを逆手にとって，組織の存在の正当性を強調するのである。

　なぜ営利は信用できないのか。情報の非対称性があるとき，つまり，サービスを提供する人たち，あるいは，その組織が，それを受け取る人たちよりも多くの情報を握っていて，対等の関係にないとき，歪みが生じる可能性がある。たとえば，受け手の情報

不足を悪用して、余分な利益を得ようとしたり、質のよくないサービスを与えたりする。そのような不信を抱くようになれば、積極的に得たいという意図を明示しなくなる。提供者に対する信頼の欠如、または、契約の失敗（contract failure; Hansmann [1980]）である。

この契約の失敗が、逆に非営利組織を信用させることになる。一般の企業であれば、まだ仕方がないと許容もされる場合もあるが、医療や福祉など準公共的な、そして排除性をもった公共サービスでは、情報の非対称性が、非常に深刻な、取り返しのつかない問題をはらむことになる。金儲けに走る病院や福祉施設など信用できるはずがない。そのサービスの受け手は、利潤追求に一定の制約を課された非営利組織の方が信用できるので、そのサービスを得たいと考えるのである。ハンスマン自ら、互助的な無尽講から発展してきた銀行（mutual saving bank）について、その発展過程と戦略的優位性について、契約の失敗に依拠して議論を展開している（Hansmann [1980]）。

経営戦略としても、非営利組織は同業種で、営利企業と競うようなことがあれば、クライアントの信用を得ることが容易であるために優位な立場に立つことができる。病院、老人ホーム、相談所などでは非営利組織の方が信用され、経営よりもボランタリズムを標榜すれば、さらに信頼を受けることになる。アメリカでは、非営利組織は、しばしば同じ業態で営利組織と競合することがある（Steinberg [1987]）。病院やナーシング・ホームなどである。税制的な優遇に加えて、非営利組織の利点について論議されている。

ナーシング・ホームの場合

たとえば、ナーシング・ホームについて、営利と非営利の経営形態を対比することで、その相違を明らかにしようとした研究がいくつかある。非営利のナーシング・ホームはボランタリーな人的資源に依存するので、熱意のある介護が期待できる。したがって、質のよいサービスが受けられるであろうと期待され、それがクライアント一般に流布すれば、戦略的に優位な位置に立つことができる。しかし、オブライエンらやアロンソンらは、実際、非営利の方がサービスの質はよいが、コストは嵩むと指摘した (O'Brien et al. [1983], Aaronson et al. [1984])。効率的ではないとしたのである。それでもなお質のよいサービスを受けるためには、コストが大きくなるのはやむをえない、とスポンサーが考えることが必要である。

サービスの質と利益の問題は、ナーシング・ホームでさえも折り合いのよくないことではある (Fottler et al. [1981])。ウルマンによれば、スポンサーへの依存を大きくするほど、ホームの経営者は、質の向上をよくするような管理を考える (Ullman [1987])。したがって、環境への依存が強まるほど、営利のホームに対抗するためには、サービスのよさを訴えることで、組織の存続を意図することになる。他方には、サービスの質には有意な差はみられないという研究もあり (Nyman and Bricker [1989])、コストの制約がある中でボランタリーな熱意だけでサービスの質を向上させる、ということにはならない。このことについてはさらなる検討の必要がある。

営利組織との競合は、企業がメセナやフィランソロピーなどに関心を示すようになると、複雑さの度合いがさらに大きくなる

(第6章参照)。企業が本格的に,非営利組織との戦略的競争を仕掛けることになるからである。そのような事態では,ドメインを共有することになり,営利と非営利の区分はきわめて曖昧なものとなる。その競合に,行政との連携などが加わると,さらに複雑な様相を呈してくる。営利と非営利が組織的に連合すると,混合的な構造に至る。ともに利益を得たいとすれば,通常の連合やパートナーシップが何ら抵抗なく成立するということもある。

したがって,営利に比べて非営利の方が戦略的に優位とは必ずしもいえない。マネジメントの工夫しだいでは有利さを活かせるが,比較して一方が有利である,あるいは有利でないという議論を行うにはさらなる知見の蓄積が必要である。

2 マネジメントの独自性

> マネジメントの工夫

以上のような理由で,企業組織とはいくつかの論点で相違することを前提にしなければならない。多くの論者が非営利組織のマネジメントの特異性を論じている。それらの議論の基幹をなしているのは,一方で,ボランティアなどの,経済的な報酬を期待しない人たちの積極的,かつ主体的な意欲を活かしながら,他方で,それを持続的に,また,コストなどに配慮したシステムの構築と運用に向けて,どのように,ともすれば相反しがちな2つの原理を接合するのか,ということである。卑俗ないい方をすれば,無給,あるいは薄給で働く人たち,したがって,組織に対する忠誠心を調達することが難しい人たちを,組織目標の,よりコストの少ない,リスクの少

ない達成に向けて動員するためにどうするか,ということである。

ヒトという資源と目標達成のしくみは本来,接合的とはいえない。それにもかかわらず,ビュロクラシー・システムをモデルとした,あるいは,企業組織の研究で得た仮説やモデルを応用すべきであるとすれば,不利の克服,つまりマネジメントにおける脆弱(ぜいじゃく)さをむしろ不可避の与件として,以下のような管理的な工夫が必要になる。

ミッションの周知徹底

前章で述べたように,非営利組織のほとんどがミッション,ないしは独自の目的を遂行するために結成される。そこには2つの論点がある。1つは,ミッションをどのようにボランティアや有給職員に理解させるか,それを達成目標として内面化させるかであり,もう1つは,ミッションのいわば純粋さを保つために,外界からの雑音を遮ることである。ミッションの実現には,一般的には環境アクターといえるドナーやスポンサー,具体的には地方自治体や地域団体,あるいは寄付などに応じてくれる人たちに,必要以上に踊らされないような仕掛けがなければならない。迷いのないことが,ミッションを保持するためには欠かせない要件となる。

前者のミッションの内面化については,いくつかの管理方略が考えられる。

(1) 研修や教育

企業などの組織と同じように,必要に応じて,新しい知識や技術を伝え,修得させることは重要であるが,活動の理念やその底にある基本的ともいえる価値を注入するインドクトリネーション(indoctrination)は,組織の一体性を維持するためにも必要となる。研修のための会合を定期,不定期に開催することになる。

(2) 活動評価

サービスを提供してその結果を評価するような、たとえばカンファレンスのような機会をもつことによって、ミッションという基本的な目標との関連性をたえず意識させることが重要である。手前勝手な主体性や自発性ではなく、合目的的なそれでなければならないことを周知させることである。

(3) メンタリング

集合的に活動するというよりも、個人単位で活動することを本旨としているので、マスとしての対応が難しいこともある。そのためには、個性の管理、つまり、活動に参加する人たちのそれぞれの個性を活かすようなシステムを対応させなければならない。メンタリング（mentoring）が欠かせないのはこのためである。

とくに新人ボランティアに対するベテランのメンタリングは必要である。メンタリングとは、影響力を発揮する立場の人が、単にリーダー的に行動するのではなく、影響を受ける人のキャリア発達や心理的な成長を促すような働きかけをすることである。ベテランは、新人ボランティアに活動の意味や意義を教え、それに配慮するように行動しなければならない。ボランティアは職場の雰囲気に影響されやすいのでいっそう働きかけは重要になる。

イデオロギーによる理論武装

ミッションによる管理は、イデオロギーによる管理と表裏一体であることはすでに述べた。イデオロギーの内面化を意図し、価値観の管理をすることがマネジメント・コントロールの根幹である。サービスといい非営利といい、何が大切で不可欠であるかを、個々のボランティアの価値として内面化させておくことが、中長期的な管理コストの節減になる。ボランティア自身も価

値観に準拠して活動する人たちであることが前提とされている。

バラバラの考えや行動を1つにまとめるのは，規則でもなければ規範や基準でもない。価値，あるいはイデオロギーである。それを少しずつ注入することで，その組織のメンバーらしくなる。応諾しなくても，そのように考え，そのように行動するのである。それには，日頃からの，互いの価値の確認が欠かせない。そのためには，いわば社員教育，この場合はボランティア個々に向けた教育が非常に重要になるのである。

ミッション重視の組織であるということは，アントレプルナーによる経営が終了しても，カリスマが退場しても，その後に引き継がれる。組織自身が非経済的な動機づけをもったメンバーによって構成されるので，イデオロギー，あるいは価値意識による理論武装は欠かせないことである。

要は，営利の追求を目的とする営利組織以上に，非営利組織ははるかにイデオロギッシュな組織であるといってよい。一元的な価値観の注入によって，メンバーの動揺を防ぐのである。一元的な価値を維持するために，価値を体現したコアのメンバーが存在する。周辺的なところで活動しているメンバーは動揺しても，中心に位置する人たちは揺るぎない信念で活動を続け，それが安心感を醸成して，動揺の波及を妨げるのである。モデルになる人たちがいるということは，外の状況にオープンであるほど重要になる。

また，この組織のマネジメントは解釈的（interpretiative）である。つまり，メンバーや，サービス提供を受けるクライアントや関係者も含めて，相互の交換関係が互いに利得（金銭ではない）を享受できるように，魅力的に仕向けることが最も肝要になる。

2 マネジメントの独自性

活動のリアリティは，物理的にそこにあるからというのではなく，人びとが，そのように信じることによって存在するのである。まさしくソーシャル・リアリティである。シンボルの操作が重要な管理技術になる。ミッションなどはまさにシンボルの操作であり，多くの人たちを惹きつけるための方便として働くことになる。

> **境界関係の維持**

非営利組織は外部環境からの影響を受け，それが内部の管理過程に大いに影響を与える。これもすでに述べたように，境界管理を有効に行うことによって，内部管理を効果的に行うことができる。環境との情報交換を限定された役割として特定の人に委託するのである。通常の組織では，オープンになるほど，環境と組織の関係を管理する人を限定しようとする。境界担当者 (boundary spanner) である。外に対しては組織を代表し，内に対しては，環境からの影響を選択的に伝えるのである。それによって環境からの影響を緩衝して，それによる動揺を和らげるのである。

しかし，非営利組織は，誰もが境界担当者になることができる。これはサービス組織一般に共通する特徴である。モデルとしていえば，その担当を指示するヒエラルキーがないので，しかも，一部のスタッフを除けば，誰もが外で活動を展開している。外で起こった出来事は，即何の緩衝材もなく内部に伝えられる。それが波及すれば，止めどもなく混乱が広がることも予想される。それを防止するために，以下がある。

(1) 渉外担当の専門分化

オフィス機能の，現場のサービス活動からの分離，あるいは，渉外担当者を設置することである。経営の円滑化を考えれば，境界管理のためには，そのための専門家がいた方が都合がよいから

である。渉外担当者として専任スタッフを置けば，さまざまの経営資源の出入りを調整できるようになる。

(2) 活動の縦割り化

活動を概括的に捉えず，活動を細分化して，責任の所在を明確にすることである。遂行責任と報告責任を明確に定義するのである。相互の活動調整はその責任者が行えばよいことで，現場の活動は，相互に干渉しないようにという，いわばルース・カップリングな組織（Weick［1976］）にすることである。

(3) 活動記録の集積

活動を体系的に整理することである。前例の蓄積であり，記録として保存することである。活動の当初は試行錯誤が続くが，それを公式的にまとめる過程で混乱を少なくする。将来は，先例遵守という硬直化を来すようになるが，当面は，少なくとも余計なコストを費やさなくて済むようになる。

しかし，以上のようなマネジメントは役割の固定化であり，組織としての柔軟さを失うというデメリットもある。逆に，ミッションに対応できなくなるということもある。この過程は官僚制化であり，ビュロクラシーの考えの導入である。したがって，これの導入については，カウンター・バランス的な対応もまた現れてくる。

3 マネジメント・コントロール

意思決定の現場化　非営利組織も含めたサービス組織は，固有の与件を有し，そのために固有のシス

テムを構築しなければならない。サービスのための組織は、以上のような成り立ちから、環境の変動、とくにクライアントのニーズへの適切な対応のために、いくつかの特異な構造を発達させることになる。したがって、当然、マネジメントのシステムを工夫せざるをえない。

　たとえば、権限については、上意下達の厳正なヒエラルキーが成り立たない。この場合、組織論の知見を導入すれば（桑田・田尾 [1998]）、機械的というよりも有機的な構造を発達させざるをえない。また、集中というよりも分散の権限構造を成り立たせざるをえない。権限委譲が他の組織よりも必要とされ、必要以上に委譲されるようなこともある。その結果、それぞれの第一線で活動するサービスの送り手の意図や関心を重視するようなシステムとなる。その典型がストリート・レベルのビュロクラシー（Lipsky [1980]）であり、プロフェッショナリズムを加えれば、明らかに現場主義的な構造になり、現場重視のマネジメントを採用せざるをえなくなる。

　なぜ現場化が進行するのか。サービスは受け手の事情によって刻々と変化する。急変することもある。それに対しては、経営幹部の指示を待たずに、その場で迅速に、適切に対処しなければならない。そのための権限委譲が欠かせない。端的には、患者の病状が急に悪化したときに医師も看護師も逐一、病院長の指示をあおぐはずはない。しかも、現場での細やかな配慮の積み重ねによって、以心伝心を可能にするようなラポール（rapport：信頼関係）が醸成される。あの人ならば信頼できる、というようにである。そのためには、その人でなければできない何かがなければならない。ボランティアであっても、これに類したテクニックは要

る。目の前にいる相手方に信用されることは、サービス関係の成り立ちのスタート地点である。

しかし、権限を委譲してサービス現場の質を向上させ信用を得るためには、人的な資源への投資が必要であり、優秀な人材を確保できること、研修や再教育についても格段の配慮がなければならない。サービスの提供がプロフェッショナリズムと密接な関係にあるのには理由がある。しばしばプロフェッショナル・ボランティアという言葉が使われる。実際、医師や看護師のようなプロフェッショナルでボランティア活動をする人も多い。

現場での決定を促すための構造的な変化としては、フラット化がある。ヒエラルキーの階層数を少なくして、経営幹部と現場の距離を小さくするのである。そのような組織では、統制スパンが大きくなり、結果として、組織の構造がフラットになる。現場の判断を重視し、そこに決定の権限を委譲するほど、フラット化は促進されるようにもなる。

コミュニケーションの横への広がり

ビュロクラティックなヒエラルキーが強く働かないということは、上司と部下の関係を制約する縦のコミュニケーションよりも、横のそれの方が大きく働くこともあるということである。クライアントに対して、どのようなサービスをどのように提供すればよいかということが関心の中心にあるのであれば、ヒエラルキーよりもチーム的な作業になるのは当然である。上司の指示や命令によって行動するというよりも、必要な情報は随時必要なところから得ればよいということで、複数の情報源をもつことも多い。いわゆるマトリックス的な情報の回路ができる。このことはビュロクラティックな組織を動揺させる。命令の一元化という官

僚制システムを支える特徴は用をなさなくなる。コミュニケーション・チャネルのマトリックス化といってもよい。

また，組織の境界の内に多くのクライアントが入り込む，さらに，入院患者や施設の中の高齢者や障害者のように，準メンバーのようになると，組織境界が不分明となる。組織の正式のメンバーとそうでない人の境目が不分明になる。組織への出入りのためのゲートが何であるかを決めることが難しくなるからである。さらに，サービスの送り手と受け手の関係も一線で画することができなくなる。クライアントが組織のメンバーのようになれば，彼らをどのように処遇するかについては，福祉施設のように食事を一緒にとり，お風呂も一緒に入れば，メンバーとの差異は少なくなる。

コミュニケーションが横に広がり，しかも，クライアントを内部過程に抱え込んでしまうほど，システムをビュロクラティックに設計できなくなる。経営管理の立場からはカオス的な状況に直面する。これに対しては，先に述べたインドクトリネーションなどによる内部規律の明文化や価値観の共有などによって対処せざるをえない。

ネットワークの展開

すでに第2章で述べたように，非営利組織が資源不足に対処するため，ネットワークを形成することがある。意図的にはじめからネットワークをマネジメントに取り入れるのである。ネットワークを構築して，一方的な依存関係をなくしたり，少しでも多くの情報や資源を得るための経営努力を重ねることである。自前の資源調達に固執するのではなく，不足は不足として，むしろネットワークを積極的に展開すれば，相互依存することで自立の余地は少なくなるが，

関連する組織が互いに連携すれば，融通できる資源は格段に多くなる。

　なお，地域社会は，サービス資源の宝庫ともいえる。それを活用しない手はない。地域社会に根づくことが欠かせないということである。近隣関係に深く根を張った，そこに基盤を置いた協働しあえる関係である。また，サービスの受け手を巻き込んでネットワークを構築することさえある。たとえば，若い人たちを地域で「問題」として位置づけるのではなく，彼らをネットワークの中に囲い込んで，活動の場を提供するのである。これらのネットワーク構築の方策によって，資源が安定的に確保できるようになり，また，クライアントも確実に確保できる。したがって，管理コストも節約できるようになる。

4　人的資源の管理

リーダーシップ　次は，出来上がった疑似ビュロクラシーやネットワークをどのように機能させるかである。機能させるとはマネジメントすることである。企業や官庁のような組織であれば，上意下達のヒエラルキーを活かして命令と応諾によって一糸も乱れない目標達成が理想とされる。しかし，非営利組織の多くには，このことが妥当しない。自発的な参加，そして主体的な意図や関心の実現ができるという見通しを得て，意欲的な活動を引き出すことができる。マネジメントにも工夫が必要になる。

　その場合，対人的な影響力の行使が重要になる。ヒトが集まっ

て，そこで何かをしようとすれば，それに道筋を与えるためには，対人的な影響関係が効果的であることが望ましい。そのために，リーダーシップ（leadership）は欠かせない概念であり，従来，組織の中の職場集団や人間関係の中で，最も重視されてきた概念でもある。

　非営利組織についても，当然，この影響関係はなければならない。むしろ，非営利組織のようなアドホックなしくみを備えた組織，ヒトの集まりに依存するような組織には欠かせない概念である。一方的に固定された，命令と応諾の関係を考えるビュロクラシーも欠かせないが，それ以上に，ヒトとヒトの関係を支えるのがリーダーシップである。ヒエラルキーには必ずしも基づかず，対人的に影響力を行使できる関係である。ビュロクラシーもなく，リーダーシップもなければ，組織としてバラバラになってしまう（なお，リーダーシップに関する議論の詳細は田尾 [2001] などを参照）。

　リーダーシップとは，リーダーその人単独の働きではない。リーダーは目標を達成するためには，何をしてもよいというのではなく，状況が何を求めているか，それに歩調を合わせて行動しなければならない。そうでなければ，フォロワーの支持を得られることもなく，得られる成果も少なくなる。システムとしての組織を円滑に稼働させるために，リーダーシップがあるとすれば，リーダーの立場にある人は，その働きが，状況とどのような関係にあるかを的確に読み取れなくてはならない。フォロワーをただ仕事に追い立てるだけでは十分ではない。

　非営利組織では，他の組織に比べると，さまざまな人たちが加わってくる。正規の高等教育を受けた人，さらに専門的な職業教

育を受けた人が一方にいれば、他方には、知識や技術に不足した素人(しろうと)がいる。ボランティアの多くはそれに該当する。熱意があれば、それだけで十分ということがある。要は、一様には捉えられない人たちを、人事管理で扱わなければならない。気配りのできるリーダーが求められることがある。とにもかくにも、まとめるのが重要な役割になることが多い。

なお、第2章で述べたアントレプルナーシップも、カリスマ的リーダー論と重なって議論されることが多く、広義にはリーダーシップである。

現場の優位

ビュロクラシーが脆弱であり、さらにその多くはボランティアであるが、サービスを提供する人たちの意図や関心を無視しては組織そのものが成り立たない。言い換えると、現場の優位、あるいは現場重視ということになる。何をするかを決定するためには、何が問題かを把握し、それのために情報をできる限り多く集め、その中で何と何が必要な情報かなどの判断が必要になる。そのためには、現場からの意思決定過程への参加は欠かせない。ボランティアを含めた、現場を熟知するメンバーの意図や関心が取り入れられなければならない。現場からの意思決定過程への参加の長所は、以下のように3つある。

(1) 現場の意見の取り入れ

日々クライアントと接触しているのは、現場の人たちである。何が必要か、何が欠けているかを熟知している。それはマニュアルに書き込めない、経営者や管理者の知りえないところにある知識である。知恵と言い換えてもよい。あるいは暗黙知であろう。管理職にある人たちと比較してパフォーマンス・ギャップを肌で

感じるのも多くは現場である。それらの知見を活かすことが決定の内容をよくする。

(2) 当意即妙によるモチベーションの強化

自分の意見が活かされることで，自分の効力感が増すという気分を実感できる。現場を熟知しない上司の指示では，余分の，あるいは見当違いの，してもしなくてもよいと思うようなことをしなければならないことがある。当意即妙の気分を味わうことができれば，さらに働きたいという気分になってモチベーションの高揚につながる。前述のストリート・レベルのビュロクラシー（Lipsky［1980］）の快感である。

(3) システムの柔構造化

意思決定に参画することで，組織への帰属の気持ちが大きくなれば，貢献の意欲がいっそう増すことになる。単なる所属の感情が，ここの一員でありたいという準拠の気持ちに転化する。そのような気持ちになるほど，困難な問題に直面してもそれを乗り越えようという意欲が強くなって，上司の指示を受けなくても自発的にそれに対処しようという気持ちが起こるようになる。結果としてシステムが柔軟になる。

しかし，問題点もある。現場が発言権を強くするということは，全体としてのまとまりを欠くことと同時並行である。現場をよく知る人たちはそれぞれ身近に担当するクライアントがいる。彼らのアドボカシー（代弁的な役割）が最も重要な課題である。彼らの立場に立つということを，それぞれが独自にしてしまえば，全体的な意見集約ができないのは当然である。極端な場合，クライアントの立場に立ちすぎてしまえば，全体のことを考えるよりも目の前にいる相手の都合を優先させなければならなくなる。個々

のクライアントの都合を優先させようとすると、組織としてはまとまりを欠く方向に行きがちである。

彼らの存在を無視しては、円滑に管理運営することはできない。とはいいながら、現場が彼らの意向を取り入れると、そして互いに、それを代弁するようになると、組織としてのまとまりを欠くようになることは必至である。マネジメントはやはり集中化と分散化を、どのように折り合わせるかが重要である。参加は望ましく、現場の意見は大いに取り入れるべきである、しかし、それが度を過ぎると、システムは求心性を失うことになる。

組織均衡

前述したように、非営利の領域では、その領域全般について、賃金が少ない、あるいは、無報酬で働くようなことが多くある。ボランティアに限らず、有給のスタッフ、あるいはすでに組織として成長を遂げた非営利組織のメンバー、その多くが職業として賃金を得ている人たちでさえ、営利組織に比べると低賃金を強いられている。なぜ、この領域では、相対的に少ない賃金であるのに就業するのか、あるいは、働くことに動機づけられるのか。相対的な低賃金にもかかわらず、なぜ就業しているのかは、モチベーション管理の問題として議論しなければならない。

また、他方には転職が多いという指摘もあって、必ずしも、働くことに持続的に動機づけられる人たちだけではない。しかし、働き続ける人たちも多くいる、そして、その人たちが何によって動機づけられているのかを明らかにしなければならない。

収入が多いことへの執着はなく、それが多くなることを期待して働くようなことは少ない。むしろ、たとえ報酬が少なくても、他人に指示されて命令されて働くよりも、自分がしたいことをし

て自立に向かう傾性があり，人に仕えることを好まない，潔しとはしない価値観をもった人たちが多い。

その価値観と見合う何かを得るのでなければ，その人はそこにいたいと考えない。自分が何かを提供して，組織の，この場合，非営利組織の，目的達成に貢献する，その見返りに，金銭的ではない，それに勝るとも劣らない報酬を得ることができれば，さらに貢献したいと意欲的に考えるであろう。通常の組織均衡が，ここでも成り立つのである。

現場で均衡を支えることが，リーダーシップに課せられた役割であろう。対人的に影響を及ぼして，非営利組織に積極的に参加させるように，いわばつなぎ止めるのである。

去る者は追わず，しかし

リクルート（人材補充）の基本理念は，非営利組織への参加に関しては，誰でも，どこからでも，ということである。その労働力としての流動性を前提とすべきで，嫌なら辞めればよいし，また別のところに行けばよいことである。組織均衡は流動的である。もし適性があるようならば続ければよいという，柔軟な対応を，参加する当人も，また，組織としても心掛けるべきである。とにかく誰でもよい，来てから考えればよいといういい加減さを，真骨頂とすればよいのではないか，というのが1つの考え方である。

非営利組織で重要なことは，均衡はあるべきであるが，企業や自治体で働く以上に，個人の主観的な世界が重視されることになる。雇用契約などあるようでなく，あったとしても，その制約は大きいとはいえない。作為的な組織均衡など，なければなくても済む。なければさっさと出ていけばよい。であるから，来る者は拒まず，去る者は追わず，という姿勢である。嫌になって出てい

く人は仕方がない。しかし，来た人，つまり参加した人たちを去らないようにする工夫も必要である。でなければ，人的な資源をさらに活かすことによるサービスの向上がなくなる。ボランタリーな意欲を示した人への動機づけをどのように考えるかが，リクルートよりも重要である。であればこそ，再度いえば，現場のリーダーシップは重要である。

　活動の活性化とは，活動に参加する人たちの姿勢をより積極的にすることである。これは，通常の組織の議論を援用すれば，モチベーション管理，やる気の喚起にほぼ並行している。語弊のあるいい方をすれば，モチベーション管理とは引き留め策である。来た人を引き留める方策の方が重要である。

　ボランタリズムとは本来，ブクブクと泡立つ泡のようなものである。泡にたとえれば，その泡を長続きさせるために，マネジメントの立場から，モチベーションの技法を適用するのである。モチベーション要因，意図や関心や価値意識を見極めて，それのマッチングを図り，持続的な参加のための方策を工夫するのである。まさしく人的資源管理である。ただし，その方策には，組織論でこれまで議論されてきたことをそのまま適用すればよいかどうかについての検討が必要である。

主体性ということ

なぜならば，そこで活動に参加するボランティアを含めた人たちが，組織という枠組みに拘束されないことを原則としていること，また，その人たちが，自主的に，自発的にその活動に参加していることを前提としていること，この2点において，企業の場合とは相違している。しかも，この2点は，従来，組織論の中で議論されてきたモチベーションの議論とまったく異なる前提である。

いわゆる組織人といわれている人たちは、組織の目的に貢献することを義務づけられている。義務であり、それを遂行しないことには何らかの制裁を課せられることになる。しかも、必ずしも、それへの参加は自主的とはいえない。極端な場合は、強制的に参加させられることもある。個人の自由意思は制約を受ける。組織の目標達成を妨害する人には厳しい制裁が、法的にも適用される。ただし、自主的、自発的という価値が最大限実現するようなモチベーション管理がなされなければならない。やる気とはそのような価値に沿いながら引き出されるのである。

　しかし、他方では、組織の一員になる以上、その組織の目標への忠誠はなくてはならないものである。さらに、その活動の多くが、対人的であれば、結果に責任を負わなければならないこともある。対人的でなくても責任問題は生じる。自主的、自発的といいながら、勝手な行動をさせないしくみは必要である。

　したがって、その2つの考え方の折り合うところを、どこに、どのように見つけるかが重要である。この問題は、非営利組織マネジメントの第一の関門である。通常の会社組織に比べると、その折り合うところは、自主性や自発性に重点を移す点ということがありうる。しかし、まったくその方向だけに傾くということはない。

5　非営利組織における会計

会計情報の役割　　会計とは組織の経済活動を測定し、分類し、記録し、それを会計情報として、そ

の利用者に提供することである。その利用者は，企業であれば，株主や債権者そして投資を検討している個人や企業などが中心となる。それらの会計情報の利用者の目的は，株主や債権者であれば，企業に託した自己の資金が適正に管理・運営されているかについての情報を得ることであり，投資を検討している者であれば，投資に見合う業績が見込めるかどうか，健全な経営がなされているかどうかなどの，投資の判断基準となる情報を得ることであろう。

　非営利組織も，多くの場合，企業と同じく民間の立場で経済活動を行うが，その経済活動が利益の追求を目的としてのものではないこと，利益の分配を受けたり，持分権をもつ株主がいないことなどから，会計に関してはかなり企業と状況が異なる。

　利益が目的の企業においては，数字で表すことのできる利益がその業績の尺度となるために，会計情報は組織の業績を非常に明確に示すものとして利用できる。それにたいして非営利組織においては，目的は組織ごとにさまざまな利益以外のものであるために，業績の尺度も多様となり，経済活動の様子を金額で示した会計情報は，組織の活動ぶりを知るための情報としては部分的なものでしかない，

　そもそも，お金による見返りを期待する株主や投資家が存在しない非営利組織においては，誰が会計情報を，何のために必要とするのだろうか。それは1つには，やはりその非営利組織にたいしてお金を提供する人が，そのお金が適切に使われているかどうかをチェックするためであろう。配当金やキャピタル・ゲインを期待しないお金の提供者は，いわば贈与者であるが，それらの人も何も期待せずに贈与するわけではない。その非営利組織に期待

することがあって，お金を提供するのである。そうした期待を裏切らないお金の使われ方がなされているかどうかのチェックをするために，会計情報が求められる。また，お金を提供するかどうかの判断をしようとしている人が，自分が期待する活動がなされるかどうか，自分のお金が適正に，できれば有効に使われるかどうかを見極めるために，会計情報を求めるだろう。

> **活動や内部状況を示す基本情報**

非営利組織における会計情報としては，託されたお金が適正に使われているかどうかを判断する部分と，そのお金によってなされた活動がどういう成果をあげたかを判断する部分とが必要である。それらは，企業における会計と同じように，その期間内での資産の増減，サービス提供にかかわる費用，そしてそれらの内訳といった会計情報が基礎となる。託されたお金が適正に使われたかどうか，妥当な活動が行われたかどうかが，少なくともお金を尺度として量的にはチェックすることができる。

しかし，利益を目的としない非営利組織においては，活動の結果としての利益ではその成果を判断することができないために，業績を会計情報だけで示したり，判断することは難しい。期間内に資産が増えたとしても，非営利組織としてはそれでもって成果とはいえない。むしろ，できるだけ増減がない方が望ましいとされることが多い。近い将来の大きな事業活動のために，一時的に資産の増加があることは認められても，それが常態化していれば非営利組織として問題があるとみなされる。要するに，非営利組織におけるさまざまな資産は，目的とする活動のためのものであって，それらがいかに活用されているかが重要で，それを増やすことは目的とされないのである。

以上のことから非営利組織においては，貸借対照表，収支計算書だけでなく，これまでに受託したお金によって取得した資産の財産目録の作成も求められている。この財産目録は，期末時点での資産および負債を貸借対照表よりも詳細に記載するもので，非営利組織においては実物財の内容までも含めて，資産が活動に活用できる状況にあるかどうかを示すことが求められているのである。

　また，いわゆる計算書類ではないが，非営利組織は毎事業年度ごとに所轄庁に事業報告書を提出しなければならない。これも会計情報とあわせて，その非営利組織の状態をチェックしようとする外部者にとって重要な情報となるだろう。

　このように，会計は主として外から非営利組織を見るための情報としての役割を担うが，それはまた資源を外部に依存する度合いの高い非営利組織にとっては重要な意味をもつ。その非営利組織が会費や寄付に依存する場合はもちろんのこと，事業収入を主たる財源とする場合でも，それらを支えるのは外部の人のその非営利組織への支持である。その支持を獲得し続けるためには，組織の活動を積極的にアピールしなければならない。会計情報はそうした組織の活動ぶりや，組織の内部状況を示す基本的情報にほかならない。したがって，会計情報は事業報告書とあわせて，非営利組織の外部に向けた主体的な情報提供の手段として捉えることができる。

···▶ **練習問題**

1. 非営利組織は営利組織と競合することがあるといわれるが、どのようなところが、どのように競合するのか。もし競合するとすれば、どのように対策を立てて競争優位を得ればよいか考えてみよう。
2. リーダーシップとは何か。それをどのように非営利組織の中で活用すればよいか考えてみよう。
3. 非営利組織は現場が重要であるとされる。とすれば、どのように現場の活動を促せばよいか考えてみよう。

【さらに深く学ぶために】

吉田忠彦編著［2005］『地域とNPOのマネジメント』晃洋書房
　　地域社会において非営利組織の果たす役割、さらにその有効性を高めるかについて、とくにイギリスの事例との対比によりながら論じられている。

山本啓・雨宮孝子・新川達郎編著［2002］『NPOと法・行政』ミネルヴァ書房
　　NPO法の成立過程、ガバメントからガバナンスへの移行、市民と行政のパートナーシップ、アウトソーシングなど市民活動が成り立つ政治的、行政的環境を広範囲に論じている。非営利組織論は、法や制度の枠組みの理解を下敷きにしている。管理の構造は、これらの知見を欠いては理解できない。

奥林康司・稲葉元吉・貫隆夫編［2002］『NPOと経営学』中央経済社
　　NPOに関心を向けた経営学者が集まって、経営学の立場からNPOを多角的に論じたテキストである。

第5章 | 非営利組織を活かす

経営戦略の策定

地球温暖化防止京都会議にあわせて行われた「市民大行動」(1997年12月)

1 組織と環境

環境とは　　組織は自分一人だけで存続できるものではなく、外部から必要な資源を取り込んだり、逆に、外部に対して組織で生み出したものを提供したりして、たえず外部と関係をもちながら存続している。組織を構成している最も基本的な構成要素である人でさえ、最初から組織にいるわけではない。もし人が寄り付かなくなったら、その組織はもはや組織として存在しえない。組織は常に、もともとは外部にいる人を組織に引き寄せたり、内部につなぎ止める努力を続けてい

なければならないのである。

　もちろん，組織に必要なのは人だけではない。お金も，設備や備品も，情報も，いずれも組織にとってはなくてはならないもので，それらすべてを組織の外から組織の中に取り込み続けなければならない。しかも，できるだけ良質な経営資源を，できるだけ安く獲得しようと，いろいろな組織の間で競争している。さらに，組織の外にある経営資源は，その状態や置かれた状況が変化する。景気による影響もあれば，人びとの価値観の変化や，自然環境の変化の影響を受けることもある。しかし，いずれにしても，それを必要とする組織の側にしてみれば，それらは組織の外にあり，自分の都合どおりにすることはできないために，それらに変化が生じれば，その変化に合わせざるをえないのである。

　組織にとって重要でありながら，外部にあるのは経営資源だけではない。組織が生み出すものを受け入れてくれる顧客，ユーザー，クライアントといった人や組織もそうである。組織の活動の成果は，それを受け入れてくれる対象があってこそ成立する。その受け入れ先である顧客も，組織の外にあるために，組織の側の都合どおりにはいかない。やはり，顧客の都合に組織の方が合わせざるをえないのである。

　このように，組織がその目的を達成するために，さまざまな活動を実施していくのに必要な資源を獲得したり，その成果を生み出すには，組織の外にあるさまざまなことがらに対して働きかけ，そしてそれらの変化に対応しなければならない。こうした組織にとって何らかの重要性をもつ外部要因を，組織の環境とよぶ。また，組織の中のことがらであっても，もともとは外部にあったものが多く，それらは組織の外部に出て行く可能性をもっていたり，

Column ⑥　アメリカの巨大非営利組織　AARP

　AARP は，全米で 4000 万人もの会員を擁する巨大非営利組織である。会員資格は 50 歳以上であることで，医療保険をはじめとする会員へのサービス提供と同時に，大統領選挙をも左右するといわれるほどの圧力団体としての力をもっている。そのミッションは，「あらゆる 50 歳以上の人のクオリティ・オブ・ライフを高め，積極的な社会変革をリードし，そして情報，アドボカシー，サービスなどを通じて会員に価値を提供すること」としている（ホームページより）。以前は，American Association for Retired Persons（米国退職者協会）が正式名称だったが，加入者の約半数が退職者ではないことや，退職者という言葉にネガティブな印象があることから，1999 年に略称の AARP が正式名称となった。

　健康保険，自動車保険，生命保険，自宅保険などの各種保険，旅行やホテルの割引などの会員優待が数多く用意されているほか，年間 6 冊の機関誌 *AARP The Magazine* が郵送され，それで年会費は 16 ドルである（3 年分一括で年 14.33 ドルに，5 年分一括だと 12.60 ドルに割引きされる）。この機関誌だけでも会費のもとがとれるといわれる。

　4000 万人もの会員を擁するため，年間予算は 6 億ドル（約 600 億円）に達するが，その予算全体の 1 割近くにあたる 5700 万ドル（約 57 億円）をロビー活動に投じており，約 100 名に及ぶロビイング担当スタッフが，全米の主要都市で活動している。1967 年に連邦議会で成立した「雇用における年齢差別禁止法（Age Discrimination in Employment Act）」をはじめ，確実にその成果をあげている。圧倒的な会員の支持とパワーを背景に，社会変革を実現する AARP の姿は，今後さらに高齢化がすすむ日本にとって示唆に富むものである。

変化する可能性をもっているため、やはり組織に影響を及ぼすので、それらを組織の内部環境とよぶこともある。

環境適応とは　いずれにしても、組織はさまざまなことがらを常に観察しながら、それらの変化に合わせた調整を行いつつ存続している。組織の環境適応は、時には大がかりなものになることもある。大きな環境変化があれば、当然それに適応するための行動も大きなものになるし、変化のそれぞれは小さくとも、それがいつの間にか積み重なってきた場合には、組織に大きな変革を求めることもある。環境への適応をうまくこなすことのできない組織は、もはや存続は難しく、消えていくしかないだろう。

組織の環境適応行動は、基本的には環境の変化にたいして受動的なものにならざるをえない。しかし、場合によっては、組織の側から環境にたいして積極的に働きかけるということも可能である。さらにいえば、もともと組織とその環境との関係は、一方通行のものではなく、相互作用をする関係にある。

たとえば、ある組織に就職しようとしている人は、組織が提示している仕事内容や雇用条件を見てその組織に関心をもったのだろうし、就職の話が具体的になってきたら、さまざまな条件について交渉が行われることもある。顧客にしても、組織の提供する財やサービスについての広告などのアピールに反応して、その組織の成果物の受け入れを決めるが、どの組織の成果物を選ぶかは、あくまで顧客の側に選択権があり、その選択は組織に大きな影響を及ぼす。

また、組織にとっての環境は、このような相互作用を行う諸関係の全体を指していると見なすならば、その全体は相互作用する

図 5-1 組織の環境認識の変化

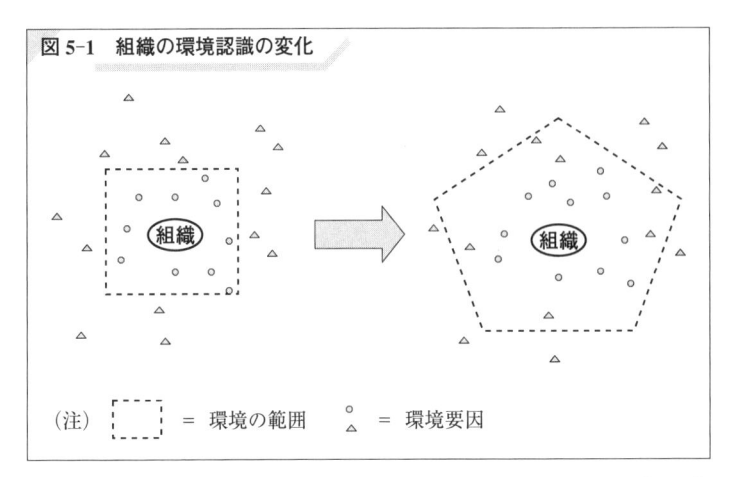

(注) ▭ = 環境の範囲　○△ = 環境要因

相手の組み合わせで構成されていることになるので，その組み合わせの構成しだいで環境は変わることになる。あるいは，組織はその環境を変えられると考えることもできる。

実際に，組織は時に大きな自己変革を断行することがあるが，それによってその組織の環境が変えられることになる。今までとは違う事業活動をはじめれば，それに必要な資源や，関係する人や組織が変わるからである。

組織と環境との関係は，組織が環境の変化に応じて適応行動をとるという単純な図式で説明されがちだが，もう少し深く見ると，その適応という組織の側の行動は，環境との相互作用があったり，その組織にとっての環境の設定の仕方の操作があったりと，かなり複雑なものとなっていることがわかる。つまり，組織と環境との関係は，ゆるやかなものと見ることができるのである。

このような意味で，組織の環境適応は，環境変化にたいする単なる自動的な反応ではなく，より積極的な戦略的行動として捉えることができる。つまり，組織の戦略は，単に現在の顧客に向け

ての活動や,顧客をめぐる他組織との競争のための活動に限られた問題ではなく,組織が自己の存在それ自体を環境の中で捉え直し,それを操作することまで含まれるのである。

2 マネジメントの視点から見た非営利組織の特徴

　ここまで,組織全般について,環境との関係を説明したが,次に非営利組織の場合に絞り込んで環境との適応について考えてみよう。そのためには,まず非営利組織とそれ以外の組織との違いを明確にしなければならない。行政組織との対比,営利組織である企業との対比によって非営利組織の特徴を明確にしておこう。

　ここではとりあえず,第1章の定義に従い「民間であり,営利を主目的とせず,それとはまた別の特定の使命（ミッション）の実現のために継続的に事業活動を行う組織」を非営利組織とし,そのマネジメント上の特徴を整理する。

民間組織としての自力経営

　非営利組織は,民間でありながら営利を目的としない組織であり,そのためこれまで経済学や経営学では議論の対象になりにくかった。しかし,民間であるということでは,非営利組織も企業と立場は変わらない。非営利組織が存続していくための環境は,企業とほぼ同じ条件下にあるといえる。

　行政組織では,ヒト,モノ,カネ,情報といった経営資源のかなりの部分が,すでに用意されていたり,また別の組織によって調達される。しかも資源調達は,法の裏付けがあるために,ほぼ確実に達成される。徴税によって基本的な資金調達が行われ,そ

の配分は予算編成で決まる。その予算編成プロセスによって，次年度の各部門の事業計画が決まる。ヒトは，公務員制度の中で調達される。その安定した雇用のために，公務員志望者は多く，人材の確保に苦労することはあまりない。

　民間部門では，これらの条件がまったく異なる。すべての経営資源は，自ら獲得しなければならない。たとえば，寄付といっても勝手に入ってくるわけではない。商取引以上にきびしい目で寄付先が吟味されるのが通常で，それにかなうだけの事業内容とアピールができていなければ，大切なお金を，見返りなしに他人に出そうという人は現れてこない。

　また，何をどのように行うのかという具体的事業の選択も，自力でこなさなければならないし，その結果に対しても自己責任である。行政組織では，何をどのようにやるのかという意思決定は，議会によって決まるし，予算も最終的には議会で決められる。つまり，行政組織ではすでに決められたことを，決められた予算でいかに確実に，そしていかに決められたとおりに実行するかということが目標となる。

　これに対して，民間組織では，何をすべきなのか，自力で確保できる予算はどれだけで，それをどのように利用して事業を行うのかといった意思決定こそが，その組織にとって最も重要であり，そしてその存続を決めることになる。これを間違ってしまったら，その結果はすべて自分で負わなければならない。

ミッションによる事業の固定

　営利を主目的とせず，それとはまた別の特定の使命（ミッション）をもつ組織であるという非営利組織の特徴は，ある意味でその組織の事業展開を制限することになる。これが営利を目

的とする企業なら、最終的に利益が獲得できるのであれば、そのための手段としての事業は、極端にいえば何でもよいのである。これまで行ってきた事業とは関連のない新規事業を手がけたり、従来の事業の収益性が思わしくなければ、別の事業にシフトしていくという方法で、組織の維持を図ることができる。実際、ある程度の規模の企業では、多角化やリストラクチャリング（諸事業の再編成）は基本的な戦略となっている。

　ところが非営利組織の場合には、基本的にはこのような事業のシフトや多角化を行うことは難しい。それは事業活動の技術的な問題や、資源の問題ではなく、そもそも自分たちの組織は何のために存在するのかという存在意義に関わってくるからである。財務的な見返りがあまり見込めないから他の事業にシフトするとか、財務的見返りを期待してある事業を手がけるといった企業の経営戦略では当然のことが、非営利組織では自己の存在意義を見失った行動として、回避されることが多い。この問題は、非営利組織のマネジメントに常について回る根本的問題であるといってよいだろう。

明確な業績尺度の欠如

　非営利組織においては、数字で表すことが容易な利益がメインの目的ではないため、それが業績の尺度としてもメインにはならない。その代わり、その非営利組織の主目的を基準とした尺度がメインであるべきだが、それは多くの場合、具体的指標の設定がかなり難しい。少なくとも、利益のような単純明快で、それですべてというような単一の尺度はない。それどころか、多くの場合、その基本目的からして定義さえ難しい、非常に抽象的なものである。仮に、かなり単純明快な定義を行ったとしても、それを具体的指標にすること

が難しかったり、複数の指標が必要だったり、大ざっぱで代表的な指標に過ぎなかったりするだろう。

業績尺度が欠如していたり、明確でないと、その組織で行われる諸活動が、いったいどれくらいうまくいっているのか、あるいは今後どのような点を改善すべきなのか、このような基本的な行動指針がないまま、行き当たりばったりで経営していかざるをえなくなる。つまり、業績が評価できないと、経営という活動のために必須のフィードバック情報が得られないのである。

サービスの受け手と支払い手の分離

たとえば、海外援助など慈善的活動事業においては、援助物資や医療サービスを受ける者からは対価の支払いは受けずに、援助を受けない者の寄付などによってその費用が賄われている。すべての非営利組織にあてはまるわけではないが、企業ではほとんど見られない特徴である。ここでは、市場の基本原理である「交換」ではなく、「贈与」が原理となっている。

これは、アウトプットの成否から次の行動を導くという経営の基本的手順に、重大な影響を与える。図5-2では、その交換の成立の状況や頻度から、組織の業績が測られ、それをフィードバック情報として、組織活動のコントロールを行うという企業とその顧客との交換関係が示されている。

顧客は企業から提供される財やサービスを、自分のお金と交換し、そしてその財やサービスを、実際に自分や家族で消費する。そのため、顧客は企業から提供された財やサービスが、支払いに対してそれだけの価値があったかどうかを容易に評価できる。その評価によって、次回の交換関係を判断するのである。支払いに見合わないと評価したり、他の企業が提供するものの方が価値が

図5-2 企業と顧客との交換関係

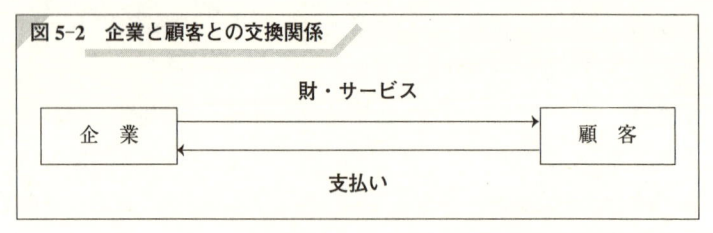

```
                          財・サービス
   ┌─────────┐  ────────────────→  ┌─────────┐
   │  企 業  │                      │  顧 客  │
   └─────────┘  ←────────────────   └─────────┘
                           支払い
```

あると評価すれば，その組織との次回の交換関係は生まれない。このように，顧客の評価が直接に次回の交換関係に反映されるために，企業はその顧客の評価が察知できる。交換関係があまり成立しなくなったら，つまり売れ行きが落ちれば，直ちにそれを察知し，原因を調査し，それを改善すべく何らかの活動を行うのである。このような一連の行動が，経営の原理といってもよいだろう。

ところが，贈与としての財やサービスの提供においては，受け手による評価や選別がほとんど働かない。受け手にしてみれば，贈与として提供される財やサービス，つまり無償で提供されるものをわざわざ評価し，選別する必要はないからである。そうなると，経営活動に必要なフィードバック情報は得られなくなってしまうのである。

しかし，非営利組織とそのクライアントとの関係は，企業と顧客との関係よりも多様である。図5-3では，組織と顧客（クライアント）との関係の4つのパターンが示されている。Ⅰは，企業と同じような交換関係である。目的は営利ではなくても，企業と同じパターンとなる非営利組織も多い。Ⅱは慈善団体などで典型的に見られるパターンで，財やサービスの受け手と支払い手の分離が生じる。Ⅲは，ⅠとⅡの混合タイプである。これも実際に多いパターンである。Ⅳになると，ただ贈与だけを行うもので，助

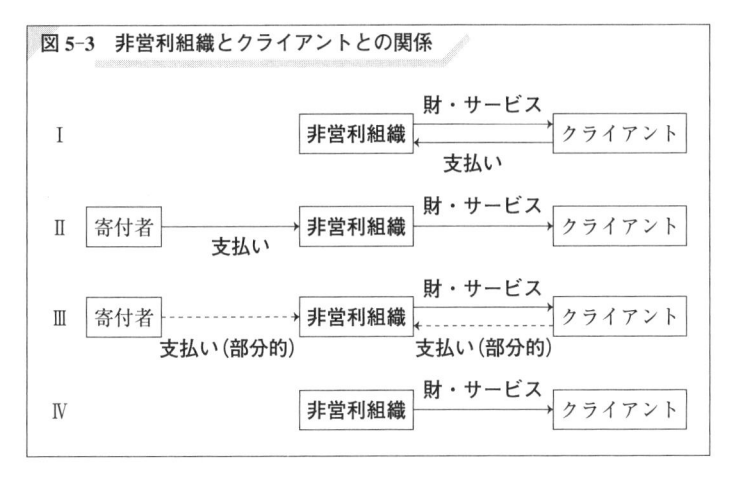

図5-3 非営利組織とクライアントとの関係

Ⅰ 非営利組織 ←財・サービス／支払い→ クライアント

Ⅱ 寄付者 →支払い→ 非営利組織 →財・サービス→ クライアント

Ⅲ 寄付者 ⇢支払い(部分的)⇢ 非営利組織 ⇢財・サービス／支払い(部分的)⇢ クライアント

Ⅳ 非営利組織 →財・サービス→ クライアント

成財団などがこれにあたる。

典型的には，Ⅱのようなパターンでは，財やサービスは無償で提供されるために，受け手からは何の評価や批判も組織には与えられず，それどころか，無償の財やサービスはほとんどの場合，非常に感謝されるだけで，与えられた資源をどれくらい有効に活用したかというような自己評価や反省のきっかけを得られないのである。しかも，基本的な財やサービスの主旨が，社会的にも評価されるようなものであるために，さらに自己評価や反省の機会が乏しくなる。その結果，非常に独善的な活動に陥っていたり，非効率なパフォーマンスとなっているにもかかわらず，それに気づかない，気づかないから改善のアクションも起こらない，という悪循環に陥る組織が多いのである。

資源ソースの多様性　非営利組織には，交換のほかに贈与という原理が存在するが，これは組織活動に必要な資源を調達する相手先が多様であることを意味する。企業と同じように，財やサービスの提供に対する代価を，その受け手

図 5-4　非営利組織の資源ソース

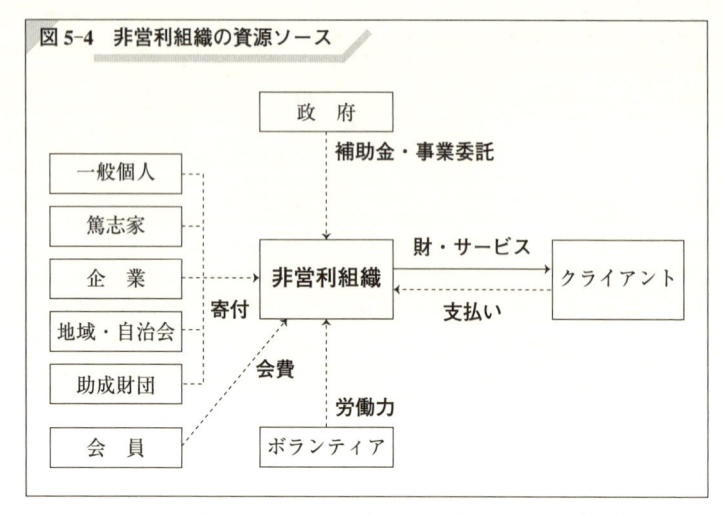

```
                          ┌─────────┐
                          │ 政　府  │
                          └────┬────┘
                          補助金・事業委託
                               │
┌─────────┐                   ↓
│ 一般個人 │
└─────────┘
┌─────────┐
│ 篤志家  │                                財・サービス
└─────────┘                ┌─────────┐  ──────────→  ┌─────────┐
┌─────────┐                │非営利組織│              │クライアント│
│ 企　業  │  ········→     └─────────┘  ←──────────  └─────────┘
└─────────┘     寄付                        支払い
┌─────────┐
│地域・自治会│
└─────────┘         会費
┌─────────┐
│ 助成財団 │               労働力
└─────────┘           ┌─────────┐
┌─────────┐           │ボランティア│
│ 会　員  │           └─────────┘
└─────────┘
```

から得ることもある。しかし，多くの場合，それ以外の出所からも資金を得ている。一般の人びとからの寄付，篤志家からのまとまった寄付や遺贈，企業からの寄付，地域の自治会からの寄付，助成財団からの助成，行政からの補助金などのほか，労働力や能力を提供するボランティアもある。

　これらの組み合わせや割合は，それぞれの非営利組織によって異なるが，いずれにしてもこうした多様な資源ソースの存在は，それに関わる組織間関係の管理を複雑にする。いろいろなところから資源をもらうことができるということは，それを実現するためには，その分だけいろいろな相手にたいして，いろいろなケアを行う必要があるということである。

　とくに，財やサービスの受け手とはならない資源提供者にとっては，資源提供先の組織の活動ぶりは直接的には見ることができないために，それをフォローする情報提供や資源提供継続の説得などが必要となり，それにかなりの労力を費やすことになる。そ

のため，非営利組織の場合には，組織の事業活動それ自体の指揮よりも，こうした組織間関係の調整により多くの時間と労力を割かなければならないこともある。

また，単に量的に多いというだけでなく，相手が行政であったり，企業であったり，財団であったり，個人であったりと多様で，さらにそれぞれの会計や予算のシステムなどに違いがあることもあり，組織間関係の調整作業はさらに複雑なものになる（財源に関しては第7章参照）。

3 非営利組織の行動を規定する3つのベクトル

非営利組織が，その使命（ミッション）を実現しようとした場合，それを実現しうるような具体的事業を定め，その推進を図ることになる。しかし具体的事業を定め，推進していく際には，さまざまな事情や条件が関わってくる。そうした諸事情や条件は，ミッション実現のために助けとなる場合もあれば，逆に足かせとなる場合もある。そのような諸事情や条件の中で，実行可能な道を探っていくというのが現実の組織の行動なのである。このような組織の行動を規定する諸事情の流れや力を，ここではベクトルとよんでおく。そのベクトルには，大きく分けて3つのものがある。

ミッションというベクトル

まず基本となるベクトルは，その組織の設立目的や本来の使命，すなわちミッションである。非営利組織はこのミッション実現のために設立されるものだから，これが組織の最も基

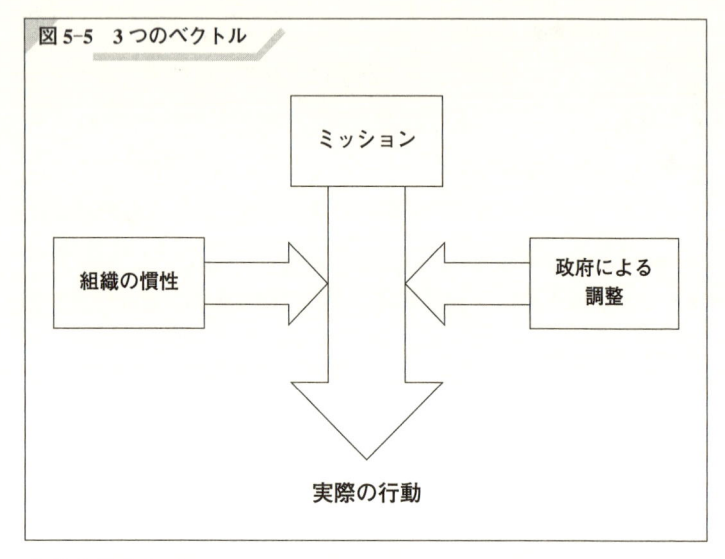

図5-5　3つのベクトル

```
            ┌─────────┐
            │ミッション│
            └─────────┘
                │
┌─────────┐    ▼     ┌─────────┐
│組織の慣性│ ──→  ←── │政府による│
│         │          │  調整   │
└─────────┘          └─────────┘
                │
                ▼
          ┌──────────┐
          │実際の行動│
          └──────────┘
```

本的な柱となる。

政府による調整

　非営利組織は，原則的にはこのミッションに導かれて行動を選択していくが，現実の事業では，理念だけで進められない諸事情が出てくる。諸事情の中でも，基本的な条件を導くのが，政府による制度の選択・設定である。具体的には，法人制度の設定，法人格の許認可や認証，事業活動の許認可や規制，事業活動への補助制度，税制上の扱い，事業委託などである。こうした政府が選択する諸条件によって，非営利組織の実行可能な事業やその方法が規定される。そして，非営利組織が活躍しやすい領域，活躍が難しい領域が決まってくるのである。

組織の慣性

　さらに，これに組織の慣性ともいうべきベクトルが加わる。組織の慣性とは，組織が設立され，そこに生活の糧，生きがい，やりがいなどを求め

る人びとが参加するようになって生じる,組織を維持させようとする力である。

　組織は何らかの共通の目的を達成するための人の集まりであり,その目的達成のための道具であるが,組織に集まった人が生活を維持できずに組織活動を続けることができなくなれば,組織自体が成立しなくなる。組織は人びとの共通の目的の実現のための道具であって,そこに参加する人びとの生活を維持するためのものではないが,実際に組織ができ,そこに人が入ると,その人たちの欲求の実現の道具,場としての側面が出てくるのである。そうすると,たとえば当初の組織の設立目的の事業が,ほぼ達成されてしまったり,社会的な意義が薄れてしまったりして,もはや組織の存在の意味がなくなっても,新たなミッションを探索したり,ミッションを再定義,再解釈したりして,組織の維持が図られるという行動も起こる。

　組織の慣性は,その事業規模,事業範囲の拡大に向かう力にもなる。組織活動の継続によって生じる余剰資源の活用が図られるからである。また,生身の人間は年を重ねていくためにも,それに従ってより高い報酬や地位を求める傾向がある。実際,年齢が上がるにつれて,教育費をはじめとする生活費が上がっていく。そのような欲求を満たすために,事業規模や範囲の拡大が追求される。

3つのベクトルのバランス

　非営利組織は,ミッションを柱にしながらも,他の2つのベクトルの影響も受け,現実的な行動を選択していくのである。それは,3つのベクトルのバランスを取ることといってもよいかもしれない。しかし客観的条件が同じであっても,組織のリー

ダーの理念やリーダーシップ，組織メンバーのミッションへのコミットの程度などによって，最終的に選択される行動は異なってくる。

4 経営戦略のパターン

　一般に組織の戦略は，事業構造の戦略，競争戦略，協調戦略の3つに大別される。選好のパターンやウェイトづけの違いはあるが，非営利組織の場合にもこれらの戦略がありうる。その具体的内容や特徴を見ていきたい。

事業構造の戦略

　事業構造の戦略とは，複数の事業を保有し，そしてそれらの組み合わせを工夫することによって，全体としての競争優位性を追求することである。その意味では，組織の全体戦略，あるいは企業の場合だと企業戦略とよんでもよいだろう。**多角化はその代表的なものである。**しかし事業を追加するだけではなく，逆にある事業から撤退したり，いくつかのものを統合するという行動もこの戦略に含まれる。

　非営利組織は，ミッション実現のために設立される組織であるために，企業のように利益という目的を実現するために多様な事業を展開したり，中心となる事業をシフトさせていく行動はあまりとられない。しかし，本来の使命を遂行し続けるために，とりわけ財務資源を獲得することを目的として，副次的に収益性事業を行う非営利組織も多い。また，当初の使命や事業が，社会の移り変わりのために時代遅れとなったりすると，より社会のニーズに合った新たな事業を追加したり，新しい事業にシフトしていく

こともある。さらには，組織が拡大し資源の余剰が生まれると，それらの余剰資源を活用するために，新たな事業を手がけることもある。

複数の事業が展開されるようになると，それらの事業の組み合わせや入れ替えという問題が起こってくる。営利企業の分野においては，そのための分析手法として **PPM**（Products Portfolio Matrix）が有名だが，この手法は非営利組織の戦略分析にとっても有効であろう。ただし，当然ながら営利企業の場合と異なる点があり，そのまま適用することはできない。

非営利組織では，利益が目的ではないために，PPMでの主要な次元である「市場（業界）の魅力度」は，利益獲得の可能性とは違う尺度で考えなければならないし，「自社の事業の強み」も利益獲得上の優位性とは違った尺度で考えなければならないだろう。たとえ収益が見込めなくても，その事業が社会的に高い価値を有しているのならば，あえてその事業を手がけるというのが，非営利組織の行動の特徴である。それを支えるために，他方で社会的価値は高くはないが収益性のある事業を行うという，いわゆる内部補助が必要となることもある。しかし，これに偏りすぎると本末転倒となる危険性もある。

要するに，それらの組み合わせやバランスが肝心なのである。それだけに，ミッションを柱としながら，複数にまたがる事業を全体として見渡す視角が重要となる。

競争戦略

競争戦略とは，それぞれの事業（市場，業界）において，競争相手との間に何らかの競争優位性を確立しようとするものである。個別事業の戦略とよんでもよいだろう。非営利組織もさまざまであるが，他の非

図5-6 三次元ポートフォリオ・マトリックス

		プログラムの魅力度			
		高		低	
		代替可能性		代替可能性	
		高	低	高	低
競争上のポジション	強	I	II	V	VI
	弱	III	IV	VII	VIII

(出所) Macmillan [1983] p. 65 より作成。

営利組織，政府機関，そして場合によっては営利企業と競争していることが多い。ここでの競争は，利益をめぐってという場合もあれば，活動機会や社会的な認知・支持をめぐってという場合もある。より具体的には，サービスの受け手，会員，一般寄付者，ボランティア，政府やその機関，助成財団そして社会一般などの評価や支持をめぐって，自組織の競争優位性を獲得しようとするのである。

しかし組織の慣性として，存続や拡大への志向も生まれてくるものの，本来，非営利組織は，使命として掲げる特定の目的や価値の追求のための組織である。そのため，営利企業のように利益獲得を目指して，それに有利な状況を追求するというのではなく，使命の実行や価値の実現という視点から市場の競争状況が分析され，戦略が導かれるというのが基本となる。

図5-6は，組織の手がける諸事業を，プログラム（事業，市場）の魅力度，プログラムの他組織による代替可能性，そして自組織の競争上のポジションの3つの次元で分類するポートフォリオ・マトリックスである。この場合のプログラムの魅力度というのは，組織の使命との適合性，収入の可能性やクライアントにとっての

便益を生み出す可能性で測られる。また競争上のポジションとは，その事業を展開する上で，競争相手に対してどれくらい技術や知識の優位性があるか，資源が豊富であるかで測られる。

マクミランは，この分類から導かれる非営利組織の戦略の特徴を，次のようにまとめている（Macmillan［1983］）。まずセルⅠは，自組織の競争力は強く，プログラムも魅力的だが，他の組織による事業の代替可能性も高いところである。ここにおいては活発に競争し，貴重な社会資源を浪費してしまう他組織が撤退するようにすることが望ましい。

それに対してセルⅢでは，プログラムの魅力度が高いものの，自組織の競争力は弱いため，より効率的に事業を推進することのできる競争相手に任せることが望ましい。つまり，自己の関心，利益にもとづいてではなく，社会的便益にもとづいて競争に向かうかどうかを判断するのである。

またセルⅥは，自組織の競争力が強く，競争相手による代替可能性が低いが，プログラムの魅力度が低いところであり，営利企業であれば，参入は見送られ，すでに参入済みであるなら撤退をすすめるべき市場である。しかし非営利組織の場合には，たとえ資金繰りが難しくとも，その組織がより効率的にその事業の社会的価値を生み出すことができるのであれば，あえて参入し事業継続の努力を続けるのである。

マイケル・ポーターは，競争戦略にはコストのリーダーシップ，差別化，集中の3つの基本戦略があるとしている（Porter［1980］）。しかし非営利組織の場合は，利益は業績の測定基準の下位に位置づけられるし，質の測定もサービスを主なアウトプットにしているために難しい。また，明確な使命があるだけに，ただ競争上の

計算から，他の組織と競合しない部分に集中するというのも問題があるだろう。

何よりも，サービスの受け手だけでなく，場合によってはそれ以上に，サービスの支払い手や組織への贈与者たち（政府，助成財団，企業，一般寄付者，ボランティア，公共あるいは地域社会）の支持を獲得することこそが，非営利組織にとって重要となる。とくに非営利組織間では，支持の獲得をめぐって競合することになる。そのため，組織にたいするより良いイメージをつくりあげ，名声を得るための努力がなされる。理事や会員あるいは組織の代表に著名人や有力者を迎えたり，組織の活動史を出版したり，広報誌を広範に発送したり，新聞や雑誌に広告を出したりと，非営利組織の良いイメージ，名声獲得のための諸活動は，日常的によく見かけられる。

協調戦略

協調戦略とは，タスク環境内でそれぞれの行為者が相互依存関係にあることを前提に，その中でパワーを獲得するために，他の行為者と協調的な行動をとり，それを操作・管理しようとするものである。具体的には，他の行為者との契約，依存する組織からの人材の吸収，他組織との連合の形成，また，それによる集合戦略などである（Thompson [1967]）。先の2つの戦略と比べると，戦略として言及されることが少ないが，概念的にも，現実にも確かに存在する戦略である。理論的には，組織を対象とする社会学において比較的早くから論じられていたが，現実の企業においても，戦略的提携，ジョイント・ベンチャー，業界単位での集合的活動や政治的活動などが活発となり，無視できないものとなっている。

営利企業の場合と比べて，組織間の相互依存関係が複雑な非営

利組織においては，この戦略はより重要となる。たとえば，政府からの補助金や事業委託などに依存する度合いの高い非営利組織の場合，政府に何らかの関係をもつ人材を理事メンバーとして獲得することが多いが，これはコープテーション（人材の吸収）の典型的なケースである。また補助金の維持・獲得のために，同種の活動を行う諸組織で連合体を形成して，政府にたいして共同的活動を行うことも非営利組織では多く見られる。あるいは，保健・医療や福祉の分野においては，各組織の提供するサービスそれ自体が相互依存的であり，セクターをまたがった諸組織間の協力関係が形成されている。

　よりオープンな性質をもち，このような協調戦略のウェイトの高い非営利組織にとって，組織間関係の管理は重大である。組織間関係の調整を，具体的に担う組織の経営者と，境界連結者である理事会メンバーの役割は，非営利組織においてはさらに重要度が高まる。

5　ネットワーク形成戦略

　非営利組織の中心的事業の1つであるヒューマン・サービスは，諸組織間の相互補完によって価値を増す。それが組織の経営戦略に大きな制約を課すと同時に，大きな可能性を与える。

　従来の経営戦略論で暗黙の前提となっていた「他組織に対する比較優位を確立し，マーケット・シェアを拡大する」という発想は，ヒューマン・サービス事業においては，組織が限界に達するのをより早めてしまう危険性をもつ。従来の経営学の発想は，

「より多くの顧客，クライアント，患者を自組織で獲得したい。そのために範囲的にもできるだけ拡大したい。そうすることが，競争相手との間に差を生み出し，優位となり，経営的に高い業績をあげることになる」という論理である。これは，突き詰めていくと，より独占状態に近づくことを志向するものである。アウトプットのストックが可能で，製造コスト差が競争優位をもたらすような産業においては，確かに有効な戦略を導く発想である。しかし，ヒューマン・サービスの分野では，まったく条件が異なる。

まず，ヒューマン・サービスは文字どおり作り置きすることができないサービスであるし，そして一定レベルのサービスの質を維持するためには，一定レベルの能力をもった人員を常時配置しておかなければならない。ヒューマン・サービスの現場を支える人員は，しばしば国家資格をもつことが必要とされ，そのための高度な教育・訓練を受け，さらに現場での経験を積んでおくことが求められる。当然，人員は養成に費用も時間もかかり，実際に供給不足が常態化している。したがって，規模の拡大には，戦力となる人的資源の確保が，大きな制約となるのである。

他の組織よりも良いサービスを提供し，受け手の支持を獲得することは，本来のミッションから見ても望ましいことであり，競争優位性を導くことにもなる。しかし，求められるサービスのレベルが上がっていくと，それに応えるための能力（技術，知識，資源）を維持することは難しくなる。まして，フルセットの広範なサービスを手がけ，それによって競争相手を排除しようという戦略の展開は，かなり無理が生じるだろう。1つの組織が保有する資源や能力にはおのずと限界があり，フルセットの体制を維持することは，いずれ限界を迎えるだろう。仮にフルセット体制に

したとしても，すべての部門をニーズに応じられるレベルに維持することは難しい。いずれ諸組織が集合したネットワークに，そのポジションを奪われることになるだろう。

　先に見たように，マネジメントの視点からすると，非営利組織は構造的に不利な条件に立たされる。しかしそれは，逆にそれだからこそもちうる強みにつながる。事業活動に必要な資源がないがゆえに，それを保有する他者とのつながりを模索する。そして，他者との相互依存関係を成立させるために，自己のコア・コンピタンス（中核能力）を認識し，さらにそれを高めようとする。つまり，ネットワーク形成あるいはネットワーク参加へのインセンティブが高くなるのである。市場が成熟し，ニーズの多様化やそれに対応するサービスの細分化や高度化の流れがすすむと，単独の組織による自己完結型のフルセット戦略は限界に突きあたり，それに代わって，それぞれコア・コンピタンスをもつ分野に特化した諸組織が，相互補完的に結び付き，全体としてフルセットのサービスを提供するネットワークが優位性をもつようになるのである。

　また，資源を外部に求めるがゆえに，多くの関係他者との接触を余儀なくされ，組織の開放度が高まると，より多くの情報や価値観に触れることになる。これも非営利組織の強みとなる。それによって，より先駆的な問題意識が生まれ，それに応えるための事業やサービスが行われるきっかけとなるからである。また，組織にたいするチェック機能も働きやすくなるだろう。より多くの関係者の目にさらされることで，逸脱した行動は牽制（けんせい）されるからである。

6 戦略としてのネットワーク

　自組織だけに限定された狭い視点では、もはや今後の環境変化に適応し、存続を図ることは難しくなるだろう。また、ネットワークの自然発生を待っているだけ、あるいは自然発生的なネットワークに頼っているだけでは、ネットワーク間競争の時代には存続可能なポジションを失うだろう。戦略としてのネットワークという視点をもたなくてはならない。

組織とネットワークのSWOT分析

　このような状況下においては、どれだけ競争力のあるネットワークに参加できるか、あるいはどれだけ競争力のある組織間連結を形成していくことができるかが、それぞれの組織の存続を左右することになる。したがって、戦略を具体的に策定する際には、個別組織としてのSWOTと、ネットワークのSWOTの分析が必要となる。SWOTとは、以下の4つの語の頭文字を取ったものである。

① Strength ——自組織の強み
② Weakness ——自組織の弱み
③ Opportunity ——環境における機会
④ Threat ——環境における脅威

　SWOTの分析は、戦略策定の基本的ステップであり、その視点はネットワークのレベルでも有効である。ネットワークを通じて自組織の事業の有効性を高め、それによってミッションを実現するという視点に立ち、そこから自組織の今後のあり方、すすむ

べき方向性を探っていくことが必要である。そのためには，自組織が構成員の一員として参加すべきネットワークはどれか，そのネットワークにどのように参加するかという検討が必要である。同時に，その全体としてのネットワークをいかに有効なものにするか，そのためにどのような管理を行うべきか，そしていかに全体を維持していくかを検討しなければならない。そうした検討の手がかりとして，組織レベル，ネットワーク・レベルのそれぞれにおけるSWOTの分析は有益である。

　組織がネットワークに参加した後にも，組織レベル，ネットワーク・レベルのそれぞれで，SWOT分析は定期的に行われるべきである。SWOTの源泉となる環境諸要素は，常に変化するからである。

　また，今後はネットワーク・レベルの管理や戦略を推進する機関が必要となるだろう。ネットワーク組織論では，単なる連合体（coalition）から，ネットワーク全体の管理を担う組織が発生したものを連邦（federation）とよぶことがある。連合体は，共通の利益のために政治的な活動を行ったり，広報活動を行ったりするが，それぞれの組織の自発的な参加と自律性を前提にした緩やかなつながりである。業者団体などが典型例である。しかしこれでは，ネットワークを前提にしたフルセット状態を整えたり，各組織のコア・コンピタンスを絞り込み，相互補完性をコーディネートしていくことは難しいだろう。そこで，ネットワーク全体の視点からコーディネートをすすめる役割を担う機関を置くのである。

　プローヴァンは，ネットワーク全体を管理する機関をFMO（federation management organization），そしてFMOを置くネットワークを連邦とよんでいる（Provan [1983]）。表5-1は，プロー

表 5-1　ネットワークの発展モデル

ネットワークの特性	連合体	自発的連邦 参加的	自発的連邦 独立的	委任統治的連邦	所有システム（組織内的）
加入の基礎	相互の便益および安定性	以前にも増した複雑性の減少	以前にも増した合法性	法的強制あるいは強力な外部圧力	所有権
ネットワーク管理への加入者の参加	高	中	低	低	低
ネットワーク中の組織の数	少から中	中	中から多	少から多	少から多
FMOのパワーの主な源泉	該当せず	加入者	加入者	第三者	所有者
合法性にとってのネットワークの重要性	低	低から中	中から高	高	低から高
必須性（重要性／問題の浸透性／FMOによる資源の仲介性）	該当せず	高	低から高	中から高	中から高
FMOの代替性（サービスその他を獲得する能力）	該当せず	中から中高	中から低	低	低
例	共同プログラム 共同購入 兼任重役	社会的サービスの交換 いくつかのマルチホスピタル・システム（営利病院チェーン） いくつかのカルテル（OPEC）	ユナイテッド・ウェイ NCAA 事業者団体 いくつかのマルチホスピタル・システム（営利病院チェーン）	プロ・スポーツリーグ 社会福祉団体	持株会社 コングロマリット 多角化企業
ネットワーク構造	(図)	(図)	(図)	(図)	システムの経営者の行うコントロールによってさまざま（一般的には，独立的連邦に類似）

（注）〇＝ネットワーク内の組織，□＝連邦管理組織（FMO），△＝加入者の活動および決定を監視しようとする第三者，―――＝強い関係，------＝中程度の強さの関係。
（出所）Provan [1983] p. 83 より作成。

ヴァンによるネットワークの発展モデルを示したものである。

　もっとも,それぞれの組織にとっては,自己の自律性を低下させることは極力避けたいだけに,自律性の確保とネットワーク全体の管理との間でジレンマに陥るかもしれない。しかし,特定の既存の組織を連邦管理組織とするのではなく,参加組織から幅広く理事を出した新たな独立組織を設立したり,その理事の選挙スタイル,任期などを工夫することで,このような問題を緩和することは可能である。

ネットワークの範囲

　戦略としてネットワークを考える場合の課題の1つは,認識するネットワークの範囲についての問題である。どこまでの範囲や結びつきの概念のネットワークを想定し,自組織として具体的な活動を検討するかという問題である。ネットワークは,捉え方しだいで限りなく拡大する。それだけに,認識するネットワークの範囲をある程度定めておかないと,議論が具体的な行動指針を導き出せない抽象的なものに終始してしまう危険性がある。

　ネットワークというと,インターネット上のバーチャルなものが想像されがちだが,人対人のヒューマン・サービス部門においては,物理的な接触を前提とした空間のネットワークが中心となる。つまり,生身の人間が日常的に移動する範囲でのネットワークであり,それは地域を中心としたものである。ハイテク産業においても,ある地域にハイテク関連の組織や個人が集積することによって,その地域としてのアドバンテージが生じるという現象が認められている。そこでは,ある産業内の機能的分業関係にある組織間の補完関係もさることながら,競合関係にある組織間にも地域的産業集積によるメリットが生まれる。物理的な距離が近

い地域の中に，競合する組織が集積することで，創造的な人材をはじめとする，それらの組織にとって重要な資源がその地域内に引き寄せられ，定着するのがその理由の1つである。

つまり，その個人にとっては，自己の能力を発揮する機会が，多数の組織が集積している地域の方が多く，もしある組織でそうした機会が得られなかった場合にも，同じ地域内に他の同種の組織があると，そこに新たな機会を求めることができ，生身の人間として転居や移動などの労力や費用がかからない。また，人的ネットワークが形成されやすく，転職の機会も得やすいのである。人材だけでなく，資本もそのような機会の多さ，情報の多さと速さに魅力を感じて，集まりやすくなる。そうした諸条件が相乗効果を生み出し，「集積が集積をよぶ」という状況となる。シリコンバレーのハイテク産業の集積を紹介したサクセニアンをはじめ，特定地域に産業が集積することの効果は，多くの研究者が指摘するところとなっている（山﨑［2002］）。

ポーターは，このような特定地域に組織が集積した状態をクラスターとよび，それを戦略的に形成する可能性を示唆している。競争戦略論の第一人者として，競争優位の源泉を分析していった末に，個別の組織の特性だけでは説明できない，ネットワークや集積のメリットに行き着いたのである。クラスターは，さまざまな事情がからまった歴史的な産物であると考えられるが，国家や地域単位でそれを意図的に形成すること，あるいはそのようなクラスターの競争力を高めていくことも可能である，とポーターは主張する（Porter［1998］）。

逆に言えば，せっかく長い歴史の積み重ねの中で出来上がったクラスターでも，その維持や競争力補強の手だてを間違うと，し

だいに沈滞化してしまうということである。サクセニアンが『現代の二都物語』で描いたシリコンバレーの繁栄とボストン・ルート128の衰退のケースは，そのことを示している（Saxenian [1994]）。

　日本では，地域に集積している産業は**地場産業**とよばれ，それを保護・育成するのは行政の仕事と思われている。確かに，その地域の産業インフラの整備など，行政が果たす役割は大きい。しかし，行政はサポートの一部を担うことができるだけである。クラスターの競争力を維持するには，そこに集合し，その中で活動する諸組織のクラスターを意識した協調的，あるいは集合的な行動が重要である。

　また，個々の組織の行動もさることながら，そこで生きる多くの人びとの行動様式，文化，価値観，規範なども，クラスターの形成やその性格に大きな影響力を及ぼすことが指摘されている。つまり，クラスターは，ただ諸組織が集積しているだけではなく，そこで活動し，そこで生きる人びとによってある種のコミュニティが形成されているのである。地域を中心として，コミュニティにはソーシャル・キャピタル（社会関係資本）が形成されていると指摘する研究者もいる。

　ソーシャル・キャピタルとは，人びとの関係性の多さ，質，それによってもたらされる規範，信頼関係などの状態といってよいであろう。政治学者のパットナムによると，その差によって，政治や経済パフォーマンスにも差が生まれるとされる（Putnam [1993]）。

　したがって，このようなソーシャル・キャピタルを育てていくという視点も，今後の経営には必要であろう。諸組織がネット

ワークを形成し，ネットワークとしての優位性を生み出し，維持していけるかどうかは，その地域に埋め込まれた人びとの価値観，行動規範，信頼関係などに依存するからである。以上のような視点をもった場合，他者との協力関係や地域での多様なつながりに積極的な意義を認めるという文化の育成や，教育が必要となるであろう。

▶練習問題

1. 非営利組織が多角化戦略を行う際には，どのような点に注意すべきだろうか。企業との違いを踏まえて考えてみよう。
2. 非営利組織が，マーケティング活動を行うことの意義を考えてみよう。
3. ネットワークとしての競争優位性を生み出すためには，ネットワークを管理する機関は，どのような活動を行うべきか考えてみよう。

【さらに深く学ぶために】

小島廣光［1998］『非営利組織の経営——日本のボランティア』北海道大学図書刊行会

　日本における非営利組織の研究は，やはり欧米の影響を強く受けているが，そのような中で，日本の非営利組織を対象に，実証的な研究を続けているのが小島である。本書は，その第一弾ともいうべきもので，非営利組織を資源依存モデルと情報処理モデルにもとづいて分析し，営利企業との共通点や，非営利組織の固有の特性などを明らかにしている。

S. M. オスター（河口弘雄監訳）［2005］『NPOの戦略マネジメント——理論とケース』ミネルヴァ書房

　非営利組織に関する文献で，戦略に触れているものは多いが，それをメイン・テーマにしたものはまだ少ない。本書は，非営利組織の戦略論の専門書としては，日本語で読める数少ない1冊。しかも単なる

ハウツー本ではなく，経営戦略論の研究蓄積の成果を踏まえたものとなっている。

第6章 社会との関係をつくる

パートナーシップの構築

阪急電鉄の「エコトレイン未来のゆめ・まち号」(2008年12月)

1 非営利組織とパートナーシップ

　非営利組織であれ，あるいは企業や行政であれ，およそ組織というものは，それ自身だけで存在できるものではないし，活動を継続できるものではない。活動に必要なヒト，モノ，カネ，情報などの資源は，組織の外から調達されるし，そして組織が生み出す製品やサービスなどのアウトプットも組織の外に向けられる。ただ，組織の規模や分野によって，関わりのできる範囲に違いがあるだけで，あらゆる組織はもともと社会との関係の中で存在するものなのである。

非営利組織にはさまざまなものがあるが，一般的な傾向として，社会との関係が，企業や行政よりも多様で深いということができる。そのことが非営利組織の経営を複雑にしているが，しかし，それが非営利組織の大きな特徴であり，強みであるともいえる。さまざまな結び付きになじみやすいという性質は，今後さらに複雑化する社会の中で，非営利組織の活躍する場面をさらに増やすことになるだろう。

　非営利組織が行う活動は，運動やアドボカシー活動といったものか，何らかのサービスの提供が多い。そのいずれにしても形がないものが主であり，第5章でも述べたとおり，つくって保存しておくということができない。さらに，その機能も単一の組織だけでは十分に発揮されないことが多い。たとえば，まちづくりや福祉などを思い浮かべればわかるように，さまざまな組織が関係することで，ようやくその活動の成果があがってくる。個々の組織が自分の活動の効率性を追求するだけでは，その成果は十分にあがらず，最終的な目標はなかなか達成できない。

　まちづくり，教育，医療・福祉など，分野によっては早くから連携の重要性は認識されていたが，今日では分野やセクターをまたがった諸組織の協働が模索されはじめている。企業，官公庁，大学が協働して地域産業の活性化などを図るという産官学連携や，人びとの暮らしに関わる分野では，公（官）民パートナーシップやマルチ・セクター・パートナーシップが試みられている。

2　行政との連携

> 行政と民間との役割分担の変動

　これまでの日本においては、戦後の復興期に、行政が強力なリーダーシップを発揮して、社会のさまざまな制度を組み立て、そしてそれを推進するという経験を、長らくひきずってきた。しかし、何でも行政が仕切り、行っていこうという志向は、もはや現実的ではなくなってきた。それに、国家の役割に関する考え方も変わってきたし、行政の活動を支える財政が限界にきているという、より現実的な問題も浮上している。そのようなことから、行政はむしろ積極的に他のセクターと協働して、それらとの補完関係をつくり、ネットワーク全体としてより充実したサービスが提供できるようにすべきだという考え方が、世界の主流となってきている。そして、サービス提供などの事業の具体的な実施については、効率性に優れる民間に任せ、行政は政策立案などに重点を置くという考え方に沿って、さまざまな行政改革がすすめられている。

　具体的には、業務の一部を民間業者に委託するいわゆるアウトソーシング（outsourcing）から、公の施設の管理運営を丸ごと民間事業者に委ねるというもの、さらには完全にその事業を民間に開放してしまい、行政は事業の実施にはタッチしないというものまで、民営化の流れは多様な形ですすんでいる。これまで公共事業として政府が建設していた橋梁（きょうりょう）、トンネル、公立の病院などをはじめ、さらには公立の学校、刑務所といったものまで民間資

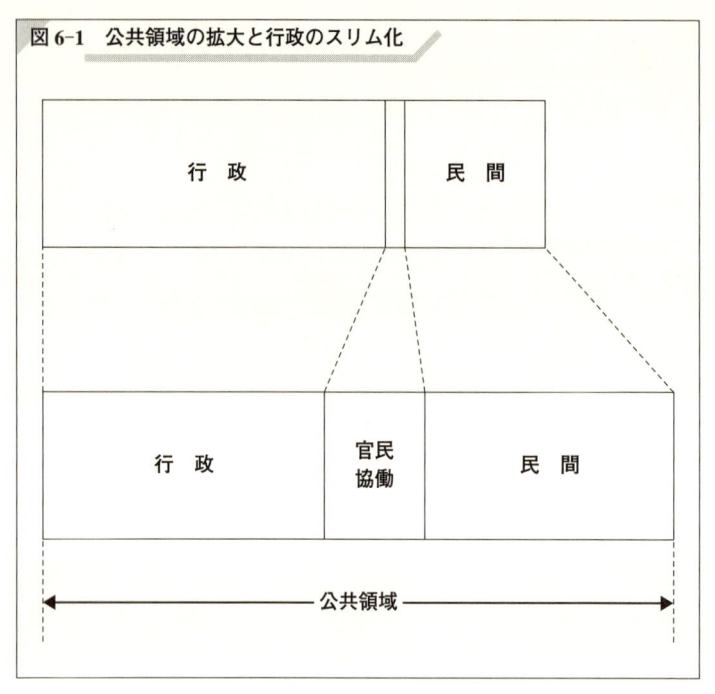

図 6-1 公共領域の拡大と行政のスリム化

行　政	民　間

行　政	官民協働	民　間

←——————— 公共領域 ———————→

本によって建設し，運営も任せるという **PFI**（private finance initiative），**PPP**（public private partnership）などの手法も先進国を中心に普及してきた。

　また，少子高齢化，国際化，社会の成熟化などの進展によって，今までには想定されていなかった新たな課題が生じており，これに対応するための新たな事業も必要となってきている。これらの新たな課題への対応は，もはや行政だけでは難しい。

　規制したり，許認可を与えたりして，企業や非営利組織をできるだけコントロールすることに努めていた行政も，今やその限界を認識し，企業や非営利組織とのパートナーシップを，より重要なものとして位置づけるようになっている。図 6-1 に示されるよ

うに，われわれの社会における公共領域やそこでの課題は，多様化しながら拡大しており，行政はその中での自らの役割を見直しながら，直接的なサービス提供者や担当者としてのポジションを縮小させる方向に進んでいる。それに代わって民間が担当する部分と，行政と民間とのパートナーシップなどの混合部分が拡大しているのである。

行政と非営利組織との関係のパターン

行政が行う活動は多様である。法的に行政にしか許されていない活動も多い。しかし，その一方で，企業や非営利組織と何らかの関係をもちながら行う活動も多い。行政と非営利組織との関係は多様だが，概念的に分類すると次の4つとなる。

① 行政主導型——そのサービスの提供や水準が，行政の責任となっており，行政は自らその事業を実施したり，厳密なコントロールの下に民間部門に委託したり，民間の参入を許可する。

② 行政と他セクターとの混在または競合型——その事業が行政だけでなく，民間にも参入が認められており，行政と民間とが競合していたり，何らかの棲み分けをして共存している。

③ 行政と他セクターとのパートナーシップ型——②と同じく行政と民間とが混在する事業だが，両者の関係が相互補完的で，協働して事業を行う。

④ 他セクター主導型（企業主導型，非営利組織主導型）——民間が主体となって事業を行うが，行政も部分的に参加したり，何らかの形で民間を支援する。

これらの行政と非営利組織との関係の違いは，その事業が行政にとってどのような意味をもつかによる。行政として，そのサー

ビス提供に大きく責任を負わなければならない場合には、行政主導になることが多い。たとえば、国民の生活の基盤となるようなエネルギー、交通、水道といった分野については、国や地方自治体が直接に出先機関（公企業）によってサービス提供するか、厳密な参入規制や料金規制をかけた上で民間事業者に委ねる（公益事業）。

上のような、ライフラインの確保といったものよりは切迫度がやや低い場合や、サービスの多様性が求められるような場合には、民間の参入の窓口が広がり、行政と民間とが混在する事業となる。教育や医療・福祉などの分野がその例である。

パートナーシップというと、当事者間の対等な関係のもとでの協働と考えられているが、実際にはさまざまな形がありうる。ほとんどの場合、行政と非営利組織とでは、あらゆる面で対等ということは難しく、資金をはじめとするリソースの保有度や、法的あるいは社会的な権限といった点では、非営利組織は行政に比べて非力であることが多いだろう。しかし、それらの面での差は、別の面での差で埋め合わせることができる。それは民間ならではの先駆性、柔軟性、機動性、専門性などである。

行政と民間の企業や非営利組織は、立場や性質の異なる主体であるがゆえに、相互補完的な関係が期待されるのである。したがって、分野によってはむしろ民間の方が主体となって、それを行政がカバーするという関係になることもある。ここでは行政と民間との関係を前提としてそのパターンを見たが、本来は民間の活動や個人としての市民の営みが前提で、それを補完するのが行政の役割なのである。

行政のアウトソーシング

行政主導型の関係としては、行政が非営利組織の活動に許認可を与えたり、規制したりするというものや、行政の活動を部分的に非営利組織に任せる委託などがある。公共的なサービスは、従来は行政が直接に提供したり、行政主導でコントロールする領域が大きかった。

市民の生活や民間の活動を補完するという政府の役割は、資本主義の成熟に従って徐々に大きくなっていった。それは景気の変動や自然災害などによる人びとの生活の不安定性を、何とかコントロールすることが求められたからである。そして、政府が経済に積極的に介入することを説く、ケインズ経済学にもとづく政策が採用されるようになった。また、福祉国家論の台頭によって、社会サービスの供給にも政府が積極的に関与するようになった。

ところが、大きな政府といっても、いつまでも拡大し続けることは不可能であるし、その弊害もだんだん深刻になっていった。とりわけ肥大化した行政部門の非効率性には、大きな危機感がもたれるようになった。ほとんどの先進国で、大きな財政赤字を抱える事態となっていたからである。そこで行政部門の非効率を解消する手段として、効率性に優れる民間の管理手法を取り入れたり、業務レベルで民間に仕事を任せることが試みられるようになった。前述のとおり、このように業務を部分的に外部の組織に委託することをアウトソーシングという。アウトソーシングという言葉は、主として企業から企業への特定業務の外部委託を指すことが多いが、政府から民間の企業や非営利組織に業務が委託されることも多くなり、行政からのアウトソーシングを専門とする事業者も現れている。

政府からアウトソーシングされる事業（サービス）は、基本的

には行政に供給責任があると認識されるものであるために，アウトソーシングされながらも，政府がそれをコントロールするための手段を何らかの形で組み込むことになる。そのコントロールのポイントは，正当性の確保，サービス供給の確保，そして効率性である。

政府による非営利組織へのアウトソーシングは，政府から非営利組織へという直接的なものと，まずいったん**政府系組織**（**特殊法人，外郭団体等**），他の非営利組織，営利法人などに発注されたものが，さらに非営利組織に二次的にアウトソーシングされるパターンもある。いずれにせよ，アウトソーシングによって，政府は正当性の基準を広げたり，多様化するニーズへの柔軟な対応の余地を生み出そうとする。その一方では，行政としてのコントロールの余地を確保するために，特定の法令等を定め，指定法人制度などを生み出してきた。また，行政が自らその外郭団体として財団や社団をつくり，それをアウトソーシングの受け皿とすることもあった。

しかし，それがある種の参入障壁や閉鎖性を生み出したり，天下りの問題を引き起こしたために問題視され，行政改革の一環として規制緩和をはじめとする制度の見直しがすすめられることになった。そして，公益法人制度の改革によって，行政の外郭団体を従来のような形でつくることは難しくなり，さらに公の施設については，**指定管理者**制度が導入され，行政はこれを直営するか，指定管理者による行政から独立した経営に委ねることになった。今後もさらに，行政改革の流れによって，非営利組織がこれまで行政の領域とされてきた事業に参入する機会や，行政による非営利組織の活用の可能性が広がることが予測される。

行政と非営利組織のパートナーシップ

これまで述べてきたとおり，ケインズ経済学や福祉国家論の影響，そして戦後の復興の必要性など，いろいろな要因が重なり，日本では人びとの生活に行政が関与する部分が増えていった。しかし，そうした諸要因自体が変わってきたり，財政問題や社会の成熟による新たな課題の浮上などもあり，もはや従来のような行政主導でさまざまな社会の課題に対応することの限界が認識されるようになってきた。

そのうえで，単に行政の活動を民間にシフトさせるというのではなく，行政と民間の協働によって相乗効果を生み出すことが，今後の目標として認識されるようになってきた。そして，協働やパートナーシップという言葉は，行政の側からも民間の側からも，過熱が心配されるほど大きな期待を込めて語られるようになった。

住民参加，行政のスリム化，遊休財産の有効活用，行財政改革などが課題になっていた行政にとって，市民の自発的な活動の組織である非営利組織とのパートナーシップは，積極的に推進すべきものとなった。非営利組織にとっても，行政とのパートナーシップは望ましいものであった。それは資源を得るためにやむなく行う副業のようなものではなく，自らのミッションにも合ったもので，行政の資源を利用することによって活動の幅を広げ，さらに行政との仕事に携わることで社会的な信用を得ることにもなったのである。

しかしパートナーシップは，行政と非営利組織の両者にとって都合がよいというだけの理由で期待されているのではない。本来の目的はもっと積極的なものである。

社会の成熟に従って，人びとのニーズや価値観が多様化し，課

Column ⑦ **イギリスの地域戦略パートナーシップ**

　地域再生に力を入れるイギリスでは，各地に地域戦略パートナーシップ（LSP; local strategic partnerships）が設置されている。地域戦略パートナーシップは，地方自治体単位で組織される独立機関で，地域戦略，近隣再生計画，コンパクト（行政と非営利組織との協働のための協約），地域エリア協定（LAA; local area agreements）などの決定を行う機関である。その構成メンバーは，地方自治体などの行政関係者，ボランタリー組織やコミュニティ組織の代表者，地元企業の代表者，学校関係者，警察関係者，消防関係者など，地域の多様なメンバーで構成される。

　とくに貧困度の高い地域は指定を受けて，近隣再生資金（NRF; neighbourhood renewal fund）が投入される。その対象地域においては，地域戦略パートナーシップの設置が義務づけられ，さらに地域戦略パートナーシップへのボランタリー組織やコミュニティ組織の参加を支援するためのコミュニティ支援資金（community empowerment fund）が提供される。この資金の受給には CEN（community empowerment network）というコミュニティ内のさまざまなボランタリー組織やコミュニティ組織のネットワーク機関の設置が要請される。CEN はその代表者を，地域戦略パートナーシップのメンバーとして参加させ，ボランタリー組織やコミュニティ組織の意向を地域の意思決定に反映させる役割を担う。

　こうした地域戦略パートナーシップや CEN は，近隣再生資金の対象地域以外の地域においても置かれ，今日では地域戦略パートナーシップはイギリスのほぼ全域に置かれるようになっている。

題も多様化，複雑化している。行政は，公平性・平等性を原則としているため，多様化しローカル化する課題にはこれ以上に踏み込めなくなっている。また行政は，さまざまな分野に対応しなけ

ればならないために，個別の課題についての専門的知識や，現場の具体的情報についても限界がある。さらには，行政の限られた価値観，知識，情報にもとづいた政策には偏りが生じる可能性もある。

　これらの行政の限界をカバーする方法として，非営利組織とのパートナーシップが期待されているのである。非営利組織は民間であるために，公平性・平等性の縛りからある程度自由であり，またそれぞれがミッションとする課題に深くコミットし，専門家や当事者が参加しているため，その課題についての専門性が高い。そして，さまざまな課題ごとに非営利組織が行政とパートナーシップを組み，政策の策定やその実施に関与することによって，行政の偏りを修正することを可能にする。

　つまり行政と非営利組織のパートナーシップとは，社会のさまざまな課題に具体的に対応するために，これまでの行政単独であったシステムを，多様な市民を巻き込む非営利組織の視点を加えた複眼的なシステムに変革することなのである。

3　企業との関係

　非営利組織と企業との関係は，両者ともに民間組織であるということから，行政との関係に比べるとより柔軟である。それどころか，場合によっては非営利組織が企業になったり，企業を設立したりすることや，逆に企業が非営利組織を設立したりすることもある。あるいは，社会的企業のように，形態的には企業であるものの，実質的には非営利組織であるということもある。

ここでは企業と非営利組織の境界線に関わることがらはひとまず置いて，利潤動機をもつ一般的な企業と非営利組織との関係を見てみよう。

企業の社会的責任論

現代社会においては，大規模化した企業の存在は大きく，ただ利潤動機をもった民間組織というだけではすまされなくなっている。もし，事業の失敗や景気の変動によって，大きな企業の存続が危ぶまれるようなことになると，取引関係のある他企業を巻き込み，大量の失業者を出し，経済全体にも影響をおよぼし，社会的不安を招くという事態にまで発展する。自由に市場に参入して，もし競争に敗れれば，市場から退出し，出資者がその出資金を失うというだけではすまないのである。

また，企業が意図しないまま社会に悪い影響をおよぼしたり，社会的な費用を生み出すこともある。かつて日本においても，高度成長期にさしかかった頃に工業化が進み，その負の副産物として公害を発生させた。これにたいして，日本の各地で，企業や政府の責任を追及する住民運動が起こった。長く激しい紛争の果てに，1970年の公害防止事業費事業者負担法をはじめとする法律が定められ，公害に関わる多くの訴訟で原告勝訴の判決が下され，企業の負の副産物にたいしては，それを生み出した企業自身が責任を負うべきであるということが確認された。

アメリカにおいても，ただ利益だけしか考えずに行動する企業にたいして，それを告発する市民運動が起こった。1960年代から70年代にかけて，ラルフ・ネーダーが自動車の危険性を告発する本を出版したり，ゼネラル・モータースに対して欠陥車問題で訴訟を起こしたり，**一株主運動を行い（キャンペーンGM）**，消

Column ⑧ パブリック・サービス・カンパニー　サーコ社

　世界30カ国，5万人のスタッフを率いて国や地方自治体からの仕事を請け負っているのが，イギリスを本拠地とするサーコ（Serco）社である。2008年の売上げは，25億ポンド（約4000億円）に達する。元はアメリカのRCA（Radio Corporation of America）の一部門のイギリス法人だったが，1988年に独立してサーコ社となった。

　国や地方自治体の業務の一部を請け負うアウトソーシングを行っていたが，今日では新しい運営方法の提案，導入から，公務員も含めた人員の意識改革に至るまで，さまざまな形で行政とのパートナーシップを推進している。刑務所や病院の管理・運営の先鞭をつけ，さらにその業務範囲は，弾道ミサイル早期警戒システム，交通管制センター，空港，教育委員会といったところにまでおよんでいる。

　NPM（ニュー・パブリック・マネジメント），エージェンシー（特定の業務の執行のために行政本体から独立された法人），市場化テスト（官民間の競争入札制度）など，イギリスで1980年代に実施された小さな政府に向けての施策が，続々と導入されている今日の日本に，サーコ社のようなパブリック・ビジネスを手がける企業が参入する日は近いのかもしれない。

費者運動を先導した。

　このように，1970年代には，企業の社会的責任論が盛んとなった。しかしそれは，公害病患者への補償や，環境汚染にたいする社会的費用の負担といった最低限で，消極的なものにすぎなかった。

　非営利組織の中には，告発型の運動を中心にしているものや，運動から発展したサービス提供などの事業を行うものも多い。ま

た，運動型の組織での経験をもった人物が，後にさまざまな分野での非営利組織のキー・パーソンとなることもある。このような告発型の非営利組織と企業との関係は敵対的であり，しばしば相互の訴訟にまで発展することもあった。

企業の非営利組織との競合

企業の社会的責任論が定着していったこと，産業構造が工業から第三次産業へとシフトしたこと，そしてそれに伴って公害問題も収束していったことなどもあり，運動型の非営利組織と企業との激しい衝突は少なくなってきた。しかし，物質的豊かさを優先する文化や価値観にたいする人びとの疑問は消えることはなく，カウンター・カルチャーやエコロジー運動などの形で引き継がれていった。

一方で，政府はケインズ経済学の影響のもとでの大きな政府への道に行き詰まりを感じはじめていた。社会的サービスへのニーズは高まる一方であるのに，すでに行政部門の規模は拡大しており，財政的にも限界にきていた。そのようなジレンマに対処するために，政府は政策立案などの部分を残し，現業的な部分は民間にアウトソーシングしたり，さらには民営化，民間開放するといった改革を推進した。

このような現業部門の民間部門へのシフトの流れを受けて，非営利組織の中には，社会的サービスの提供者として事業活動を拡大するものが増えていった。そして，それによって企業と非営利組織との間には，新たな関係が生まれた。つまり，行政部門から下りてくる事業をめぐる企業と非営利組織との競合関係である。

もちろん，それまでにも企業と非営利組織が混在する領域はあった。しかし，第二次産業から第三次産業へと産業がシフトす

る中で，すでにサービス部門は多くの企業にとってメイン・ストリームの事業となっていたし，規制緩和に従って拡大するパブリック・ビジネスは，大きなビジネス・チャンスと目されるようになっていた。

一方，非営利組織の側においても，告発・要求を行う運動体や，地域や宗教に支えられた慈善的・奉仕的なものから，より大きな資源を動員する事業体としての非営利組織が台頭していた。企業と競合する場合にも，それらの非営利組織は，免税をはじめとする税制上の優遇を受けることができる上に，非営利組織というステイタスのゆえに，社会的支持や，行政からの委託や補助を受けやすいといった優位性を有していた。そして，事業規模を拡大させると同時に，経営管理の能力も向上させていった事業型の非営利組織の中には，企業にとって脅威となるものも出てきた。

CSRと非営利組織 事業をめぐって企業と競争する非営利組織が増大したが，他方では再び企業の社会的責任論が注目されるようになり，企業の**CSR**（corporate social responsibility）活動のパートナーとしての非営利組織も増えてきた。

それまで企業の慈善的活動というのは，地域住民や団体にたいして寄付を出したり，ある程度の財産を築いた創業者が，財団を設立して助成活動を行うというようなものが中心であった。しかし1990年ごろから，企業も地域や社会の一員として応分の貢献を果たすべきであるという，より積極的な見方が台頭してきた。そして，利他的・奉仕的な活動全般を指すフィランソロピー（philanthropy）や，文化・芸術活動の支援を指すメセナ（mécénat）といった言葉も，企業のCSR活動の高まりとともに普及していっ

た。消費者の側でも、そのような視点にもとづいた企業の評価をするようになり、それが企業の業績を左右するという状況も見られるようになった。

また、企業は社会の中でリソースを調達し、アウトプットを社会に送り出すという活動を継続していく事業体であるため、社会を支えることが企業自身にとっても自らの存立基盤を維持することになる、というより啓かれた企業観も、CSRをめぐる議論の中から生まれてきた。

このような流れの中で、企業は戦略的にCSRに取り組むようになり、CSRの対象となる分野で専門的な知識や情報、そしてネットワークをもつ非営利組織の協力を求めるようになった。また非営利組織にとっても、企業のもつリソースを活用し、自らのミッション実現を推進することのできる企業とのパートナーシップは好都合なものであった。

4 プラットフォームとしての非営利組織

非営利組織の大きな特徴の1つは、政府や企業を超えるオープン性である。もちろん非営利組織自体が多様であるために、組織の個体ごとに性質も異なるが、原理的に政府や企業よりもオープンである。

ステークホルダーへのオープン性

非営利組織のオープン性にはいくつかの意味がある。1つは、利害関係者が多様で、その多様なステークホルダー（利害関係者）にたいして組織が開かれているということである。

企業の目的は，利益という明確で限定されたものであり，その目的と事業に賛同する者が資本を提供する。そうした出資者（株式会社なら株主）が，企業にたいして最も強い発言力をもち，続いて融資した銀行や取引関係などが影響力をもつ。これらのステークホルダーの影響力は，直接的な議決権の行使や，取締役会での発言などで発揮されるが，いずれにしても営利を追求するという基本的な目的については，どの企業も共通している。そしてそのメンバー性は，株の保有などが条件となっており，限定的である。

　政府のステークホルダーはより多様であるが，組織としての政府に直接に参加できる者はかなり限定される。しかもそれは現実には多様な意見や立場の者というよりは，選抜された公務員か，所属する政党にしばられる議員が中心である。

　非営利組織は，自由な民間組織であり，また株主などの持ち分を有する者がいないため，そのステークホルダーの組織への参加を裁量的に決めることはできるが，実際にはその非営利組織という立場であるがゆえに，排他的であることは難しい。社会的なミッションを掲げ，そのミッションへの人びとの共感や支持を得て，組織が成り立っているからである。そのような立場であるために，非営利組織は常にそのミッションや事業が社会の目にさらされて，そして支持を得なければならない。そのためには，あえてそのミッションや事業にたいして異議のある人や，利害の対立する人なども組織に迎えたり，組織内部の情報をあらゆる立場の人に見せるようにするなど，組織を守るということからは逆ともいえる状態にすることが必要となる。あえて弱さをさらけ出すことこそが，非営利組織としての存立を担保するという逆説的なメ

カニズムになっているのである。

リソースの多様性

2つめのオープン性は、リソースの多様性からもたらされる。企業であれば、株主の出資金が原資となり、あとは市場での経済活動の中で顧客から受け取る代金がリソースとなる。要するに、市場における顧客との交換関係だけがリソース源である。政府の場合は、リソース源はほぼ税金だけである。そして、それは国家の権力による強制力を背景としている。

非営利組織の場合は、企業と同じ交換関係からも、政府から強制力による公的資金というリソースも得ることができる。さらに、企業にも政府にもほとんどない贈与という形でのリソースもある。非営利組織には、見返りを求めない、強制されもしない形でリソースが提供されるのである。寄付やボランティアがそれである。このようなマルチ・リソースはマルチ・ステークホルダーを生む。そして、マルチ・ステークホルダーを前提とした組織経営を必要とする。

協働的活動の受け皿

3つめのオープン性は、企業、政府、非営利組織の中で、非営利組織だけが他の2者の乗り入れを許す存在であるということである。さらに非営利組織以外の政府と企業や、企業と企業の協働も非営利組織が舞台となる。

企業は営利を目的とした組織であり、株主に資本を託された雇われのメンバーによって活動がすすめられる事業体である。資本を託す株主の目的が投資資本へのリターンである限り、それに沿わない慈善的活動などへの資本投下は許されない。このような基本的性質をもった企業に、政府や非営利組織は乗り入れることは

Column ⑨　超マネジメントの世界

　少子高齢化が進み，過疎化が深刻度を深める中，日本中のあちこちで，自分たちの愛する地域を守ろうと，多くの人びとが自治会や新たにつくったNPO法人などを通してまちづくり活動に励んでいる。人口が減って商売が成り立たなくなり，食料品やその他の日用品を扱う店がなくなってしまったので，住民たちでお店をオープンさせたり，若者が仕事を求めて都会へ行ってしまうのを食い止めようと，職場を生み出す新しい産業を起こしたりと，まちづくりの名の下にさまざまな活動がなされている。

　まちづくり活動が活発な地域の様子を観察すると，その時その時の課題に応じて，その地域内でできる人ができることをやっている。そして，その舞台や受け皿となる組織は，それぞれの課題によって異なるものの，その中で活動する顔ぶれはかなり重複していることが多い。川を守ろうというNPO法人で理事として活動していた人が，他方で青少年育成のために市の委員会のメンバーとして会議に出たり，それが一段落したら今度は独居老人を定期的に訪問するボランティアをしたり，さらにその次には，地域の活性化のために特産品を生み出そうというプロジェクトに参加したり，という具合である。

　つまり，それぞれの活動や組織は，それぞれの目標やミッションをもっているが，それは少し広い目で見れば，地域を守ろうというより大きな目的のための一時的な手段なのである。とすると，各論としての1つの課題にある程度目処がつけば，活動できる人の時間，エネルギー，情熱は，次の重要な課題に移る方が望ましいと考えられる。

　さらには，人材やその人の時間といった地域内の貴重な資源を有効に活用したり，重要な課題の方にシフトさせるためには，必要性のなくなった事業や組織はスムーズに畳めることが重要であるともいえる。

4　プラットフォームとしての非営利組織

このような考え方は，今ある組織を何とかして存続させようという従来の経営の考え方を超えるものである。いわば「超マネジメント」とでもいうべきものである。この発想は，自分たちの仕事が必要でなくなって，「組織を解散できる日が来ることが目標である」という，国際援助活動を行うNGOの考え方とも共通している。もしかすると，こうした「超マネジメント」の発想が，大企業や行政など，これまで主役とされてきた組織の限界を打ち破るブレークスルーになるかもしれない。

できない。

　一方，政府は公平性・平等性を原則として集められる税金をリソースとして活動するため，その活動も公平性・平等性が原則とされる。その中に，利潤動機をもった企業は乗り入れることはできないし，公平性・平等性にしばられない活動をミッションとする非営利組織も乗り入れることは難しい。

　以上のような状況で，利潤動機をもたない非営利組織は，政府や企業の協働的な活動のための受け皿となることができる。政府，とりわけ地方自治体が，その活動を外延的に拡張する際や，企業との合弁的事業をすすめる際に，外郭団体やいわゆる第三セクター（公私混合体）を，社団法人や財団法人として設立してきたのも，非営利組織の性質からである。また，複数の企業が技術開発や業界全体の普及・啓発活動など，共通の利益のための共同的活動をすすめる際にも，非営利組織を受け皿とすることが多い。

　要するに，株主などの特定のステークホルダーや，公平性・平等性などにしばられない非営利組織は，多様な主体の乗り入れを可能にするプラットフォームとしての性質をもつのである。もち

ろん，非常に限定的なミッションとメンバーシップのもとで活動する非営利組織も存在するが，一方では多様な利害関係，立場，価値観を許容することのできる非営利組織も存在するのである。

> **マルチ・セクターのプラットフォーム**

従来，非営利組織は市民活動のための組織という捉え方がされることが多かった。それは企業や政府といった強力なセクターがあり，それらから見落とされたり，それらから排除されがちな権利や価値を守るため，市民という立場をそれらと対峙させる必要があったからである。そのような市民の活動を支え，活動の受け皿となるのが，市民団体やNPOといった，いわばオルタナティブな存在であった。これはたしかに重要な存在であり，これが日本では十分に発達していなかったという点も反省されるべきである。

しかし，非営利組織は，そのような企業や政府と対峙するだけの存在ではなく，より幅広い可能性をもっていることを見落としてはならない。市民活動はもちろん，企業や政府までも参加できるマルチ・セクターのプラットフォームとして非営利組織は存在しうるのである。

非営利組織は，多様な外部に依存し，それがゆえに内部状況も隠すことができず，さまざまな利害や価値の影響も受けやすい。経営学などの視点から見れば脆弱ともいえるそうした性質こそが，非営利組織の可能性を広げるのである。

・・・▶ 練習問題

1. 行政と非営利組織のパートナーシップにおいて，非営利組織に期待される機能はどのようなものだろうか考えてみよう。
2. 企業がCSRのために公的な活動を行ったり，逆に非営利組織がサービス提供の事業を大規模に展開するようになったり，企業と非営利組織がパートナーシップによって協働するようになったりと，セクター間の境界がゆるやかになってきたのは，どうしてだろうか検討してみよう。
3. なぜ非営利組織は，マルチ・セクターのプラットフォームとしての役割を担うことができるのだろうか考えてみよう。

【さらに深く学ぶために】

ダニエル・ヤーギン＝ジョゼフ・スタニスロー（山岡洋一訳）[2001]『市場対国家——世界を作り変える歴史的攻防 上・下』日本経済新聞社（日経ビジネス人文庫）

　原題は *The Commanding Heights*（管制高地）。国家がその国の経済をコントロールするために，その国の主要産業を国有化したり，それらの産業に参入規制をしたりすることを意味する。1980年ごろになると，ケインズ経済学や福祉国家論に導かれてきた大きな政府の限界が見えはじめ，イギリスのサッチャー政権や，アメリカのレーガン政権の出現によって，市場原理を重視する小さな政府の方向へ揺り戻されていった。それと並行する形ですすめられたニュー・パブリック・マネジメントの流れが，非営利組織の状況も変えていった。

谷本寛治・田尾雅夫編著 [2002] 『NPOと事業』ミネルヴァ書房

　非営利組織と企業との関係が具体的事例とともに紹介されている。事業型NPOの発生から，企業のCSRの展開，NPOの商業化やソーシャル・アントレプルナーなどにも触れられている。

第7章　組織として維持する

資金調達と評価システム

地球温暖化防止を訴えたコンサート「ライブ・アース」(2007年7月)

1　財源の確保

経営資源の調達　非営利組織は営利を目的としない組織であるが，あくまで民間の組織である。その意味では，組織を存続させる条件は，企業とほぼ同じであるといってよいだろう。つまり，ヒト，モノ，カネ，情報といった経営資源は，すべて自力で調達しなければならない。どのような活動を，どのように行うかなどの意思決定も自ら行い，それに関わる責任も自らが負わなければならない。

また，営利を主目的とせず，それとはまた別の特定のミッショ

ンをもつ組織であるという特徴は,ある意味でその組織の事業展開を制限することになる。財務的な見返りがあまり見込めないので撤退したり他の事業にシフトするとか,利益機会を増やすために新たな事業を手がけるといった企業なら当然のことが,非営利組織の場合にはできないことが多い。それどころか,企業や他の組織が対応しない事業だからこそ,あえてそこに参入するというのが非営利組織なのである。

このように,経営的視点から見れば,不利ともいえる行動をとる非営利組織を存続させ,活動を継続させることは,実はかなり難しいことなのである。

もちろん目的が営利ではない非営利組織にとっては,ミッションやその実現のための事業の内容こそが重要であることはいうまでもないが,民間組織として事業を継続していけるかどうかは,いかに必要な資源,とりわけ資金を調達できるかにかかっている。ただし,非営利組織はお金を必要としながらも,そのお金の獲得を主目的としないことを強調している存在であるために,資金調達もただお金を集めればよいというわけにはいかない。非営利組織としてふさわしい活動,体制,外部との関係,資金の獲得の仕方などが常に問われなければならない。そのため,評価の問題は資金調達と同じぐらい非営利組織の存続に影響を及ぼす。そしてまた評価は,資金調達と深く結び付いている。

財源の多様性

利益が見込める事業であれば,企業がそれを手がける。利益は見込めないものの,社会的に必要と思われ,それが一定の規模になっていれば,政府が手がける。非営利組織はそのどちらでもないところを手がける。つまり,市場取引の形では利益が見込めない,そして,政府に取

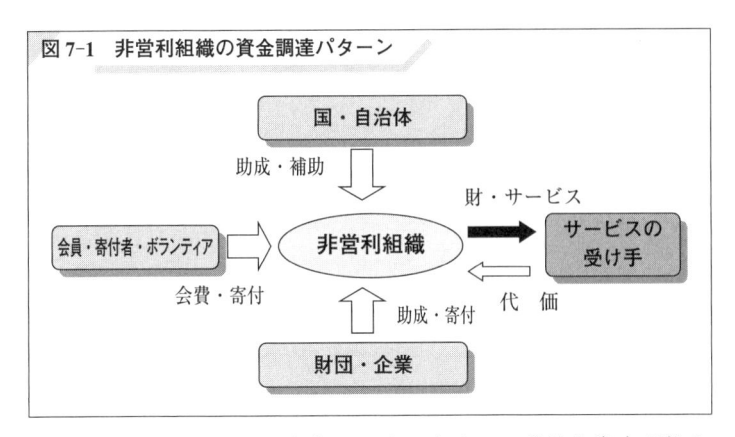

図7-1 非営利組織の資金調達パターン

```
                    ┌─────────────┐
                    │  国・自治体  │
                    └─────────────┘
                      │ 助成・補助
                      ▼                財・サービス
┌──────────────────┐   ┌──────────┐   ┌──────────┐
│会員・寄付者・ボランティア│──▶│非営利組織│──▶│サービスの│
└──────────────────┘   │          │◀──│  受け手  │
        会費・寄付      └──────────┘    └──────────┘
                      ▲  助成・寄付         代 価
                    ┌─────────────┐
                    │  財団・企業  │
                    └─────────────┘
```

り上げるべき問題として認知されないために，公的な資金が投入されない，そういう企業や政府がカバーしない領域こそが，非営利組織の活躍の中心なのである。これは自力で経営していかなければならない民間の組織としては，かなり不利な条件である。

　非営利組織は，このような条件のもとで，ミッション実現のための事業活動を推進していくために，必要となる資源を調達しなければならない。経営的に不利な条件をカバーするのは，その非営利組織の活動を理解し，共感し，そしてそれを支えようという気持ちをもった人びとの自発的な貢献である。非営利組織にたいする人びとの自発的な貢献は，さまざまな形をとる。

　すでに第6章で指摘したように，非営利組織の特徴はそのオープン性にある。資源を外部に依存する度合いの高い非営利組織は，その依存のゆえに多様なステークホルダーをもつことになり，そして外部に開かれた状態になる。

　図7-1は，非営利組織の資源調達をめぐる外部主体との関係を示したものである。第5章でも述べたように，企業の場合には，財やサービスの受け手（顧客）との交換関係によって資源を調達

する。非営利組織の場合も,企業と同じように財やサービスへの対価によって資源を調達する場合もあるが,寄付金,会費,助成金,補助金,そしてボランティアという形で,財やサービスの受け手以外の多様な主体から資源を調達することが多い。また,行政から事業の委託を受け,それによって財やサービスを提供したり,収入を得るということもある。

財やサービスの受け手からの代金も,本来の事業の代金だけでなく,本来の事業を支えるために副業的に行われる収益性事業の代金もある。

多様な資源ソースを有することは,非営利組織の強みであるが,同時に弱みでもある。他者への依存は,その分だけ,他者の自己へのパワーを高めることになるため,できるだけそのような他者への依存状態を回避することが望ましい。非営利組織はむしろ弱みを強みとする逆説的な論理をもつ存在である,とすでに指摘したが,しかし,多様な外部に依存することによる強みを実現するためには,特定の外部主体に偏った依存は回避されなければならない。多様な外部への依存の状態は,それらの外部主体間の影響がぶつかり,牽制しあうことによって,偏りのない方向性を非営利組織に与えることになり,それが一種のガバナンス機能を果たす。さらに,より多様な主体に依存することで,非営利組織のオープン性が維持され,それが人びとの参加を促すことも期待できる。

それが特定の外部主体への依存度を高めてしまうと,その主体の影響力が強くなってしまい,ガバナンスや参加を促す効果を失わせてしまうばかりか,非営利組織の自律性まで低下させてしまう危険性を生む。

要するに，多様な資源ソースに依存しつつ，特定の主体からの影響力を過度に受けない程度にまで依存先を分散したり，事業収入など外部に依存しない財源とのバランスを図ることが重要なのである。

財源確保のための活動

　財源が多様であり，かつそれらの間のバランスを考えなければならないということは，財源を確保するための活動がそれだけ複雑になることを意味する。これが企業であれば，商品の受け手の支持を得ることが唯一の財源確保の道となる。企業にとっては，商品の受け手が顧客であり，その顧客との間の交換関係をいかに多く，そして利益を得られるように発生させるかが最重要課題となる。その他の活動や関係は，そのためのものであるといってもよい。

　サービス供給を活動のメインとする非営利組織の場合には，企業と同じようにサービスの受け手である顧客からの料金で財源をまかなうものもある。支払い手が，サービスを受ける本人や家族であり，かつ同種のサービスを提供する競争相手がいる場合だと，企業と同じように，いかにサービスの受け手である顧客のニーズを満たすかが財源確保を左右する。しかし，企業の場合は，利益機会と顧客満足の見通しから事業を選択するが，非営利組織の場合は，ミッションの実現度や課題性から事業が選択される。

　つまり，企業はあくまでも利益を獲得するために，顧客からの支持や満足を追求するのであって，たとえその事業が顧客の支持や満足を得られるものであっても，利益が見込めないものであれば，参入は見送られるだろう。それにたいして非営利組織は，ミッションを実現したり，課題を解決するために，事業を選択するのである。そのため，利益が見込めなくてもあえて参入するこ

とがあるし，そしていったん参入すると，利益が見込めなくなっても簡単には撤退しない。

企業と同種のサービスを提供しており，一見すると競合しているような非営利組織の場合も，カバーする対象や範囲が企業とは異なっていたり，料金体系が企業とは異なっていたりする。ここに，非営利組織が企業も参入する分野に存在する意義があるといえるだろう。逆にいえば，企業と何も変わらないサービスしか提供しない非営利組織なら，その役割はせいぜい市場における供給不足の解消くらいのことだろう。とはいえ，供給不足を補うという役割も，それはそれで状況によっては非常に重要な役割となることもある。

非営利組織が，財源確保のためのサービス提供の事業を行うもう1つのパターンは，本来の事業を支えるための副業としての事業である。この場合，もともと利益を期待する事業であるために，企業や他の非営利組織と競合することが多く，顧客の支持を得て利益を獲得することが最大の課題となる。ただし，収益を目的とする事業とはいっても，本来の事業との兼ね合いが大切で，その事業内容や競争戦略なども，本来の事業との整合性や，本来の事業のイメージを損なわないことなどが条件となる。

しかし，サービスの受け手が財源にならなかったり，なったとしても必要な額の一部にしかならないという非営利組織も多い。アドボカシー活動や運動を中心とする非営利組織であれば，サービス提供の事業を行わないので，サービス提供の相手も存在しない。非営利組織にとっては，寄付や会費を提供してくれる一般の人びと，企業，各種の団体，助成してくれる財団，補助金や委託事業費を提供してくれる行政などが財源であり，それらの主体か

らの支持を得ることが必要となる。そのような意味では，非営利組織にはサービスの受け手である顧客と，そのサービスを受けない支払い手である顧客とが存在すると考えてもよいだろう。

　支払い手である顧客の支持を得るための基本は，見返りが求められない財源提供にふさわしい事業を行うことである。しかし，財源提供者は多様であり，それぞれの立場や非営利組織に期待することも微妙に異なっているので，それへの対応が必要となる。

　サービスの受け手ではない個人や団体からの寄付などの財源は，見返りが期待されないものであるが，厳密にいうと，そうであるとは限らない。非営利組織からの財務的見返りやサービスの提供は期待されないものの，それ以外のさまざまなものが期待されていることが多い。

　それは，たとえば非営利組織の活動に協力していることにたいする賞賛や敬意であったり，社会的貢献の責任を果たしていることの承認であったり，精神的な満足感などである。行政の委託事業であれば，その事業の成果以外に，それが市民参加や市民との協働を実現する機会となったというアピールなどであろう。

　要するに，資源提供者のそうした見えにくいニーズをいかに知覚するか，いかに満たすか，そしていかにその期待を高めるかが重要なのである。たとえその非営利組織の活動がいかにすばらしい，善いことであるかが理解できても，それを自分が支える意義が確信できなければ，あるいは自分が支えていることが実感できなければ，寄付などの貢献の行動には結び付かないのである。

ファンド・レイジング

　サービス提供の対価を得る活動以外で，非営利組織が財源確保を目的に行う諸活動をファンド・レイジング（fund raising）という。この言葉も，

使う人によってニュアンスが異なることがある。証券や為替などを利用した金融テクニックで，大きな資金を運用するプロのファンド・レイザー（fund raiser）の仕事のことを指すこともあれば，団体の活動をアピールするために，さまざまな演出を行って寄付を募ることを指すこともある。

　大きな基本財産があり，それを運用しなければならない財団では，金融の専門知識をもったファンド・レイザーによる資金運用がファンド・レイジングであり，活動の財源を寄付に頼る団体では，募金活動がファンド・レイジングということになるだろう。

　財団などにおける大口の財産の運用は，銀行の定期預金，公債，株，外国為替などを利用することになるが，金融市場の発達によってさまざまな金融商品が生み出されており，そのような新しい運用方法を導入するファンド・レイザーもいる。しかし，非営利組織では，リスクの高い運用法はできるだけ避けられるべきであろう。導入するとしても，運用資金のごく一部に限定しておくべきである。

　運用の目的は，たしかにお金を増やすことであるが，何のためにお金を増やすのかというと，それはあくまでも公益的な目的に利用するためなのである。また，公益的な目的のために積まれた財産や集められた資金は，その出捐者（しゅつえん）や寄付者の意思を尊重して扱われるべきであり，さらに税制の優遇という形で公的な資源が投入されていることも考えると，投機性の高い運用方法は避けるのが妥当である。公益目的のために出されたお金は，より確実にその目的どおりに使われるべきであり，利益を目的とする投機と同じリスクを負うべきではないのである。

　財団には，基本財産の運用の果実を公益的な活動を行う団体に

Column ⑩　ある非営利組織の悲劇

　日本の多くの非営利組織と同様に、その団体も、やはり慢性的な資金不足に悩まされていた。掲げられたミッションや活動は立派なものだったが、資金が十分ではなかったために、寄付を呼びこめるような目立った実績をあげることができないまま、じり貧状態が続いていた。そして、とうとう事務所の家賃の支払いも難しくなった。やむなく、その団体の代表者がお金を出した。それは代表者の本業の商売の運転資金だった。

　そんな状態がしばらく続いていたときに、行政の委託事業を受けることに成功した。さしたる実績はなかったが、地域の他の団体も似たような状態であったために、いくらか活動歴が長いことが評価されたようだった。そして、委託事業費がその団体に入るようになった。

　そのころ、お金を出し続けていた代表者の本業の資金繰りが苦しくなっていた。代表者は、今まで団体に持ち出していた分を少し返してもらうつもりで、団体に入ってきた委託事業費の一部を、自分の本業の運転資金に回してしまった。それは、彼がこれまでその団体に入れたお金から見ると、わずかな金額でしかなかった。また、急場をしのいだ後は、すぐに返すつもりだった。しかし、このことが関係者に発覚してしまった。

　献身的にその団体を支えてきた代表者をよく知る関係者たちは、この問題を何とか内部で処理したいと思った。しかし、他の団体にも籍を置く役員の一人が、不正を隠すことに強く反対し、結局この件は公表されることになった。非営利組織による不正事件として地方紙の記事にもなり、長年にわたって市民活動を続けてきた代表者は、その団体を追われ、その後は地域でもほとんど人前に姿を現さないようになってしまった。

助成する助成型財団と，自らが公益的な活動を行う事業型財団がある。この助成財団の助成金，行政の補助金，そして個人や企業やその他の団体（自治会，学校，非営利組織）からの寄付を獲得するための諸活動が，非営利組織のファンド・レイジングである。会費収入をもたらす個人や団体の会員の獲得もそれに含まれるだろう。

　より具体的な活動としては，助成金や補助金の情報を収集したり，その拠出先との交渉や申請，インターネットのホームページ，ニューズレター，チラシなどの媒体を利用した団体の活動のアピールや入会勧誘，寄付のよびかけ，訪問や電話やメールによる個別の寄付の依頼，イベントにおける団体のアピールやその場での寄付のよびかけ，などが代表的なものである。その他には，企業とのタイアップ，企業のCSR活動との共同プログラム，ネット募金や地域通貨への参加などの方法もある。

財源確保の手段としてのイベント

寄付をする人びととの目が届かないところで活動する非営利組織や，受益者が見えやすいサービス提供ではなく，アドボカシー活動や運動を行う非営利組織の場合には，いかにその活動ぶりをアピールし，支持を獲得するかが非常に重要な課題となる。資金が十分でないために，思うような活動が展開できていないような場合，ともすれば全資金をその本来の事業に投入してしまいがちであるが，それでは今後も事態は変わらない。本来の事業にかける時間や費用を多少削ってでも，より多くの支持を獲得する努力がなされなければならない。支持獲得の努力が実れば，本来の事業にかけることのできる資金を増やせるのである。

　サービスの受け手とその費用の支払い手が分離していたり，

サービス提供のようなアウトプットがない活動を行う非営利組織の場合，その活動をアピールし，支持を広げる手段として，イベントの開催が効果的である。セミナー，講演会，パネル・ディスカッション，討論会，フェスティバルなどのイベントは，非日常的な催しであるために，そのエンターテインメント性に多くの人が集まり，活動の内容をアピールするのに効果的な場となる。

　多くの人びとは，さまざまな社会的課題が存在することは知っている。しかし，限りがないと思われるほどのさまざまな課題に，いちいち関わることはとうてい不可能だし，また自分が貢献できることはあまりに小さく，何かやったところで，事態は何も変わらないという醒めた気持ちでいる。そのため特定の課題へのコミットや貢献に積極的にはなれないのである。

　しかし，そうした人びとも，課題には気づいており，市民による自発的な活動の意義も認めていることが多い。何らかのきっかけがあれば，具体的な活動に参加するようになる可能性はかなりある。参加への心理的ハードルが低いイベントは，そうしたきっかけとなることが期待できるのである。

　またイベントは，催し物案内やトピックスとして，さまざまなメディアに取り上げられやすい。さらに，単独の組織で開催するのではなく，他の団体や行政や地域などを巻き込んだイベントとして開催することによって，ネットワークや人脈を形成することができる。それがまた新たな財源開拓の手がかりとなる。

財源確保の手がかりとしての理事

　非営利組織は，多様な外部の資源に依存するために，組織としてよりオープンであるという特性をもつが，そのような多様な外部とのつながりを補強し，財源確保の1つの手がかりと

なっているのが理事である。

オープン性を特徴とする非営利組織における理事は，社会の多様な立場や利害を代表する役割が重要だが，もう1つには，その非営利組織の存続を支える財源の窓口としての役割も期待されることがある。その理事本人が資金提供者である場合もあれば，理事が所属する団体が資金提供者である場合，さまざまな資金提供者とのつなぎ役となっている場合，さらに幅広い寄付を集めるのに貢献する著名人の理事という場合もある。

その非営利組織の日常的な活動には直接には関わらず，そして無給であることがほとんどである理事には，利害関係を代表する者，専門的な知識などを前提に，組織の活動のアドバイザー的な役割を担う者，そして資金調達の役割を期待される者とがある。それぞれのタイプの理事が存在することによって，その非営利組織はより総合的な組織基盤を築くことができる。そのバランスと，期待される役割を理事が発揮することが重要なのである。

いかに組織に貢献できる理事や理事会になるのかは，非営利組織の経営を担当するメンバーの努力，理事メンバーの努力による。成り行き任せにするのではなく，理事はそのような役割期待が意識された上で選ばれ，さらに教育・訓練を通じて役割の自覚と能力向上が図られるべきである。

組織の公式的な構成上では，理事や理事会が非営利組織の日常の業務を執行する事務局よりも上位に置かれる。しかし，日常の業務には携わらず，しばしば非営利組織の活動についての専門的知識が薄い理事は，事務局の情報提供などの支援なしには十分にその役割を果たすことができない。その意味では，理事は常勤の組織メンバーに依存する立場にあるが，機構上で上位にあるとい

うことだけではなく、財源をはじめとするさまざまな外部とのつなぎ役になっているということでも、理事は重要な存在なのである。

理事を機能させるには、組織メンバーが理事に情報提供し、敬意を示し、組織への貢献の意欲を引き出し、それを持続させることが必要で、そのような役割を果たすのが、非営利組織における経営者の役割なのである（Herman and Heimovics [1991]）。

2 多様な評価法

評価の主体と目的　非営利組織の評価の問題は、その重要性ゆえに現場においてもホットなトピックとなることが多い。しかし、一口に評価といっても、その主体、目的、手法などによって多様である。評価する主体や目的によって、評価の体系や、さらにはそれに連動して行われるべき活動の内容も異なる。そのような多様な評価を、1つのものとして統合することは困難だろうし、またそうした努力はあまり意味をもたないだろう。

福祉など一部の分野においては、かなり具体的な評価チェックリストなども試作されているが、非営利組織の全体を包括する評価概念や体系は、まだ整っていないのが現状である。非営利組織の評価をめぐる議論がしばしばかみ合わないのは、議論がすすむうちにさまざまな視点が持ち込まれ、本来それがどういう目的のものなのかがわからなくなってしまうからである。このような状況であるからこそ、評価についての概念の整理が必要である。誰

図7-2 非営利組織評価の類型

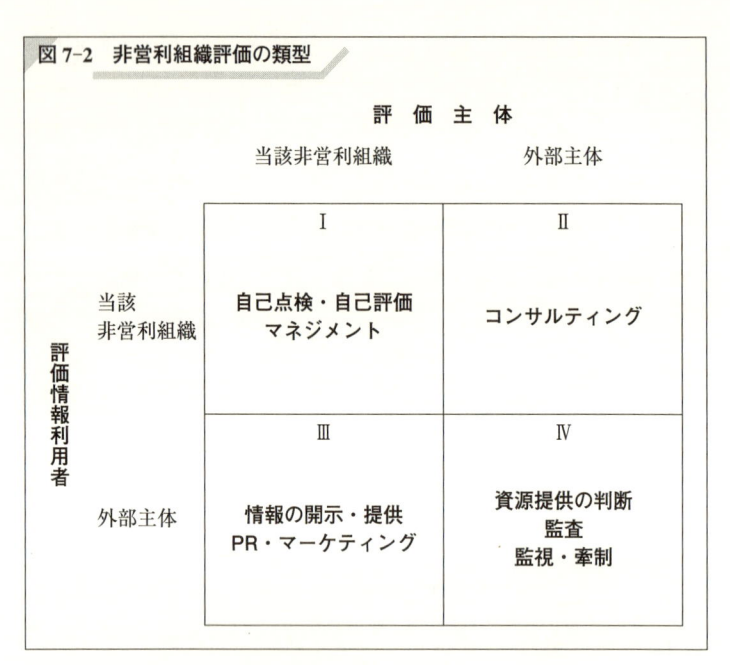

	評価主体	
評価情報利用者	当該非営利組織	外部主体
当該非営利組織	I 自己点検・自己評価 マネジメント	II コンサルティング
外部主体	III 情報の開示・提供 PR・マーケティング	IV 資源提供の判断 監査 監視・牽制

のための,何のための評価なのか,まずそれを整理しておかなければならない。

ここでは,評価を行う主体と,その評価の情報を利用する者を,それぞれ当事者である非営利組織と,外部の主体(他の非営利組織,行政,コンサルティング機関,評価機関など)に分け,4つの領域に分類する。

図7-2に示されるように,非営利組織が自己のために行う評価(I)は,いわば自己点検・自己評価であり,自己の改善を目的とするものである。つまり,マネジメントのためのフィードバック情報を得るための評価となる。そうした目的の評価を,外部に委ねる場合(II)は,評価の専門機関やコンサルティングを業務とする組織による評価となる。

一方，評価の情報を利用するのがその非営利組織以外の外部主体というのは，寄付や助成をしようとする個人，企業，助成財団，行政などであるが，そのような主体にたいして，その非営利組織自身が評価し，情報を提供する（Ⅲ）というのは，自組織の透明性を維持するのが目的であったり，活動の内容や健全性をアピールしたりするマーケティング的な目的となる。

　これが第三者による評価（Ⅳ）になると，寄付などの資源提供の判断や，提供した資源の使われ方の監視，あるいは指導監督や逸脱行動の牽制などが目的となる。

　同じく評価といっても，このような目的の違いがあるために，具体的な評価ポイントやその準拠する基準が異なってくる。たとえば，マネジメントを目的とするなら，同種の事業を行う組織のベスト・プラクティス（最高水準の経営実践）を基準にしたベンチ・マーキング（比較分析）のための自己評価が行われるだろう。それにたいして，行政が非営利組織の逸脱行為を牽制するために行う評価は，遵法性や妥当性を基準とするだろう。

評価の具体的項目

　誰が，どのような目的で行う評価であるかによって，具体的な指標やそれらのウェイトづけは異なってくる。しかし，非営利組織を評価する基本的な項目は，次のようなものだろう。

① 組織の存在意義
② 正当性，合法性，適格性
③ 事業継続性，事業効率性

　経営という視点での評価は，このうちの③でしかない。企業の場合は，目的が利益なので，事業の効率性，収益性が中心的な課題となり，組織の存在意義があらためて問われることもない。し

かし，非営利組織は，さまざまな人びとに依存しなければならず，いわば社会の支持によって存続している存在であるため，組織の存在意義や正当性は最も重要な点となる。もちろん，貴重な資源を有効に活用することは組織活動の原則ではあるが，いくら事業効率性が高くても，その事業や組織が目標とすることに意義が見出せなければ，非営利組織として存続することは難しいだろう。

非営利組織として存在する意義があるかどうかを評価する具体的項目は，その組織のミッションはどのようなものか，そのミッションの意義はどのようなものか，事業はミッションの実現にどのように貢献するか，といったものであろう。

正当性，合法性，適格性は，その非営利組織が行う活動が，妥当なものであるかどうかという点を評価するものである。掲げるミッションには問題がなくとも，それを実現するための事業が社会的に認められるものかどうか，その事業を当該の非営利組織が実施することが妥当かどうか，法的に問題はないか，資格があるか，といった点が項目になる。

事業継続性，事業効率性の項目についても，単に経営的な視点で評価されるのではなく，社会の資源を託されている責任があるという意味で，事業を継続させることができるかどうかはチェックされなければならないし，資源が効率よく利用されているかどうかが問われなければならない。もちろん，この項目では，企業経営の世界で工夫されてきたさまざまな経営分析手法は利用できるだろう。

さらに，よりオープンで，多様な価値を受け入れ，人びとの参加を促すという非営利組織の特性を考えるならば，理事などの役員の構成はどうか，財源の構成はどうか，活動内容や団体の内部

情報がどれだけオープンになっているか、どのようなネットワークに参加しているか、ネットワーク内でどのような貢献をしているか、事業やイベントにどれだけの参加を実現したか、といった項目が評価指標となるだろう。

3 評価のフィードバック

評価とフィードバックの意義

評価はその主体や目的によって内容も異なってくるが、いずれの評価の場合も、それによって得られた情報は、非営利組織にフィードバックされ、組織のあり方や活動の改善のために役立たせることができる。それが、助成や寄付の判断のためなど、当該の非営利組織自身のために行われた評価でなくても、もともと非営利組織は外部から遮断されたものではなく、社会に開かれた性質をもっているために、さまざまな立場からの評価は、改善を進めるためのヒントや基準として役立つのである。

　営利を目的とする企業の場合には、その業績は利益という単一で明快な、そして数字で表すことのできる尺度によって測ることができる。半年とか3カ月とかで期間を区切って、前の期間や前年の同一期間の利益と当期の利益とを比較し、当期の利益の方が多くなっていれば、企業としてうまくいっており、もし減っていれば、うまくいっていないということになり、その原因を調査して、改善する努力が行われる。もちろん、実際には、短期的な利益だけで評価が行われるのではなく、中・長期の計画に照らして、その実現度がチェックされ、計画とのズレがフィードバック情報

となって，ズレの原因の分析と改善策が検討される。以上のような一連の諸活動の連続が，経営であるともいえる。

　何も考えずに，やみくもに事業を続けてここまできたというのは，たまたま運が良かっただけかもしれない。いつまでもそうした状態で事業を続けていくことは，おそらくは難しいだろう。ただ事業活動を続けているだけでは，経営活動がなされているとはいえない。さまざまな要因がからむ中で組織は活動しているのであり，しかもそれらの要因は変化するので，常にそれに合わせて組織の活動や状態を調整しなければならないのである。

　うまくいっているかどうかの判断の基準の1つは，計画したことがどの程度に実現できているかということである。事業活動は計画にもとづいて実行され，そしてその結果は測定され，計画とのズレがチェックされる。そのズレが，計画よりも低い達成度のものであれば，その原因が調べられ，改善の努力がなされる。または，最初の計画の見直しが行われる。つまり改善という活動がとれるのは，最初の計画という基準値があって，それとのギャップがフィードバック情報となるからである。したがって，経営というコントロールは，期待されたことと現実に達成できたこととのギャップの情報が，フィードバックされるからこそ可能になる活動なのである。

　このような一連の活動は，**PDS**サイクルとか，**PDCA**サイクルとよばれ，経営の基本とされている。PDSサイクルとは，plan（計画）-do（実行）-see（評価）という3つの活動の循環を，PDCAサイクルは，plan（計画）-do（実行）-check（チェック）-action（改善）の4つの活動の循環を指しており，基本的にはどちらも同じことを示している。

図7-3 PDCAサイクル

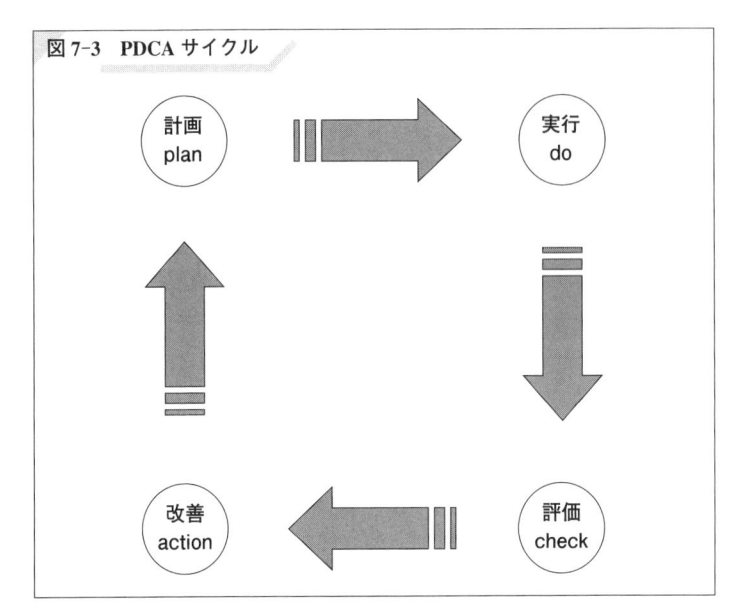

```
計画 plan  →  実行 do
  ↑              ↓
改善 action ←  評価 check
```

　非営利組織の場合は，利益が目的ではないために，業績の尺度は明確にしにくいが，それだからこそ，それを補う工夫をしながら計画を立て，計画の達成度をチェックし，フィードバック情報を生み出さなければならない。それが人びとの思いが込められた希少で，貴重な資源を有効に使うための基本的な作業なのである。

評価のプロセスの意義　計画と結果とのギャップの測定や，そのギャップの原因の解明こそが経営という活動を可能にするわけだが，非営利組織の場合には，それが企業のようには簡単にはいかない。

　そもそも非営利組織の場合には，目的からして単純ではない。たとえ目的が明確なものであったとしても，それは数字で表すことができるような性質のものではないことが多い。そうすると，計画も抽象的なものになったり，いくつかの基準が出てきて優先

順位をつけにくかったりする。また，たとえ何らかの具体的数字によって計画を立ててみても，組織に影響力をもつステークホルダーが多様であるために，その妥当性について合意形成を図るのが難しい。

つまり，非営利組織においては，PDCAサイクルに従った経営活動は，下位レベルの個々の具体的事業においてはある程度適用可能であっても，組織全体にわたって厳密な形で適用することは難しいのである。

しかし，ともすれば善いことを行っているという意識から，事業活動にたいする甘さや無責任さを生じさせがちな非営利組織においては，計画を立てることが，ミッションやその実現のための事業のより具体的なターゲットを認識し，何が改善のために必要なフィードバック情報になるかを考える機会となる。逆にいえば，利益を目的としない善いことを行っているという意識が一種の免罪符となって，非効率な経営やルーズな組織体質を許してしまう危険性を，非営利組織は構造的に抱えているといえる。

人びとのコミットを引き出すために

このような点を鑑みた場合，たとえ完全なものではなくとも，何らかの形で経営活動を実現させるフィードバック情報を生む評価は不可欠であるといえよう。形のないサービスの質を測定したり，専門性の高い活動を評価したり，さまざまな立場や利害が交錯する事象を評価することは確かに難しいが，三角点測量のように，複数の切り口からの評価を組み合わせたり，表面的なアウトプットの評価だけでなく，効果や影響を評価するなど，いろいろな工夫の余地はまだまだ残っている。より具体的には，類似の活動を行う他の団体との比較，ベスト・プラクティスを実現

していると思われる組織とのベンチ・マーキング，その分野の専門家や同業者によるピア・レビュー（同じ分野の専門家による評価や審査）なども有効だろう。

　難しいからといって評価の努力がなされないとか，行いやすい方法だけで評価してしまうといったルーズな経営姿勢は，組織にコミットする人びとの熱意を冷めさせてしまう。評価をめぐる議論や測定の手間に多大な時間と労力を費やすことは，表面的には非効率なことのように映るが，そのようなプロセスによって人びとの組織へのコミットは高まり，組織への信頼も高まっていくのである。

　多様な人びとが関わるということは，多様な利害，立場，価値が組織の中に持ち込まれるということである。それらの中には互いに対立するものもあるだろう。したがって，評価の基準の設定や方法の選択においても，どこかで対立や矛盾は生じてしまうのである。どれだけ議論を重ねても，どれだけ手法を工夫しても，もともと立場や価値が異なる限りは，対立や矛盾はなくならない。したがって，あらゆる立場の人にとって望ましい評価を実現することは不可能なのである。しかし，それだからこそ評価をめぐる議論や測定に時間をかけることが重要なのである。多様な立場が存在することを，それぞれが認め，その中で完全ではないにしても，妥当であると納得のできる評価を実施するしかないのである。

　多様な人びとのコミットを引き出す手段としての参加の機会や，議論の結果ではなくプロセスによる納得性や信頼こそが，オープンであるがゆえにさまざまな外部からの影響にさらされる非営利組織の弱みを強みに変えるポイントになるのである。

・・・▶ 練習問題

1. 企業と競合するサービスをメイン事業としている非営利組織が, 税制上の優遇を受けているのは不公平だという指摘があるにもかかわらず, このような税制優遇が続けられている理由を考えてみよう。
2. 寄付を集めるために, できるだけ著名人を集めて理事に就任してもらった。もちろん, 名前だけの理事である。どのような問題点があるか考えてみよう。
3. 子どもの人権を守るという活動をしている非営利組織が, 自分たちの組織の評価をするとすれば, どのような評価項目を設定すればよいか考えてみよう。

【さらに深く学ぶために】

ロバート・D. ハーマン＝リチャード・D. ヘイモービックス（堀田和宏・吉田忠彦訳）［1998］『非営利組織の経営者リーダーシップ』森山書店

　非営利組織を成功に導くのは, いかに経営者が理事を組織にコミットさせ, 理事を中心とした活性化された体制を築いていくかという, 経営者のリーダーシップ役割を説いたもの。著者の二人は, アメリカの非営利組織経営や行政学の学会長などを歴任した重鎮だが, 組織論の先端的な概念や, 現場で課題となっているホットなトピックが, 物語調に仕立てられながら平易に書かれている。

坂本文武［2004］『NPO の経営——資金調達から運営まで』日本経済新聞社

　PDCA（plan-do-check-action）サイクルに従って, 非営利組織における経営活動が具体的に説明されている。とりわけ資金調達については, その考え方や方法が詳細に説明されている。各章ごとに事例の紹介もあり, 全体としてアメリカの大学院で非営利組織の経営を学んだ成果がうかがえる実践的な内容となっている。

第8章 非営利組織の今後を考える

その将来像と課題

大勢の人が参加した「派遣村」全国シンポジウム（2009年6月）

1 なぜマネジメントは必要か

超高齢社会の到来

近未来に，というよりも予想をはるかに超えて，超高齢社会はすでにはじまっているといってよい。それは，決定的に資源の不足する社会である。労働力人口の減少と高齢者を中心とした従属人口の増大は，否が応でも，公的に活用できる資源の調達を難しくしてしまう。それに真正面から向き合うために非営利組織の活用が今，喧伝されている。それによって，その社会の危機を乗り越えようというのである。

非営利組織は,繰り返しになるが,大きくは広義の第三セクターに包摂される。企業でもない,そして政府でもない組織クラスターである。有志の市民が積極的に参加するところにある組織クラスターである。それをどのように創り出し,活用するかによって,今後のこの社会の,極端をいえばウェルネスの程度が決められるといってもよいほどである。

マネジメントの重視

　マネジメントを考えることは,今,現状の維持だけではなく,むしろ,今後,組織として,それを取り巻く環境に,とくにその変動にどのように立ち向かうかを意味する。近未来の発展を考えなければならない。その意味では,今後に向けた**戦略**の立案と実行は,マネジメントの基本軸を成している。成長のために戦略はある。成長するためには,環境変動に柔軟に対応できる組織を構築する。**環境適合**である。そのような環境適合を,どのように達成するか,あるいは,そのための柔軟なシステムを,どのように構築するかという課題を真正面から見据えなければならない。また,それを内部管理にどのように活かすかを考えなければならなくなる。

　制度学派組織論の知見によれば,組織一般は制度環境に埋め込まれて,その枠組みに強く拘束されているので,マネジメント施策に裁量の余地が乏しいところが少なくない。とくに非営利組織は制度に強く制約される。しかし,それにもかかわらず,変化に受け身ではなく,それを起こし,先取りして,優位なスタンスに立つことは,第1章で述べられた非営利に関わるその周辺のさまざまな組織,そして,一般の企業と変わるところはない。非営利組織は,どのようにして今後,超高齢社会に向けて競争優位の戦略を採用できるか,そのための組織のしくみをどのように革新す

べきか，について論じたい。

マネジメントへの意志

今，活動している非営利組織がそのすべてではない。この組織カテゴリーの興味深いところは，たえず小さな，組織にもならないような小さな塊が泡のように現れては消えるような，その繰り返しの中にあるということである。

おそらく企業についても同じようなことが指摘できるであろうが，しかし，そのダイナミックスは企業の比ではない。非営利組織の参入障壁は非常に低いようであるし，撤退障壁もないに等しい。語弊があることを覚悟でいえば，つくりやすく，壊れやすい，また潰しやすい組織である。何人か寄り合えばただちに成り立つわけであるし，一人でもできないことではない。したがって，小さな集団であればあるほど，決断すれば，その場で直ちに撤退を開始できる。そのコストはゼロに等しい。

であるから，たえず泡は沸き立ち，凋み，また消えている。それが有志による自発的参加のよいところであり，短所でもある。篤志の人たちの集団は，つくられてはまた消える，という繰り返しの脆さをむき出しにしている。持続への強い意志と，相応の持続的な成果がなければ組織としては成り立たない。組織として成り立っても，本来の脆さを払拭できないので，いつ消えても仕方がないという認識がある。

しかし，その全体として捉えれば，柔軟な環境適合という強みを認識することは可能である。存続の意義のない集団や組織はやがて淘汰される。余分な活動は誰もが支えない。必要な活動だけが，それを熱心に支える人たちのもとで存続するのである。むしろ，それはクラスターとしての強みといってよいのではないか。

いわば脆さと強さが隣り合わせになっているのである。脆さの歩留まりをどのように捉え，強さをどのように活かすことができるかというところに非営利組織のマネジメントがある。社会が必要としても，マネジメントが下手で，この社会からの支持を調達できなければ，退場を余儀なくされる。

再三の繰り返しになるが，非営利組織を経営体として捉えた場合の基本的な問題は，以下である。一方で，それが個々の自発的な意思によって成り立つこと，場合によっては，組織として存在することを否定するような，自発や自律の意思の強い人たちをその中に抱えていることである。他方で，組織として成り立つには，環境要因の影響が大きく，経営体の主体的な意思を貫徹できないことが多い。いわゆるビュロ・フィロソフィ（独自の管理哲学）ともいうべき，その組織の固有の意思をもって環境にあい対することが難しいことである。

要するに，前段についていえば，離合集散を繰り返すことを前提に，自由な意思をもった人たちの集まりである。有志の市民は，このようなメンタリティに従って積極的に参加し行動している。したがって，組織へのアイデンティティを強くもつことを，はじめから期待できないようである。企業のように，組織人，さらには会社人間であることを前提にした経営管理はありえない。後段についていえば，活動資金などをたえず外部から調達するので，外部環境の意向を受けて，その利害に沿って経営管理はなされなければならない。少しでもそれから外れると，正当性を付与されなくなり，サービス内容は乏しくなり，活動のエリアさえ失うことになる。

この論点から明らかになることは，非営利組織は，社会の要請

に応えてその内部に確固たるマネジメントへの意志を備えているかどうかである。そして,経営体である以上,それへの意志を明確に示すことが重要である。第3章の議論に返るが,非営利組織はミッションの組織である。ミッションを明確に提示すること,それを自発的に連結させ,日々の活動に活かせるように具体化しなければならない。

2 組織の変革

変革の視点

有志の市民の集まりから本格的なシステムを備えた組織になろうという意図があれば,それに向けて組織,そしてマネジメントのシステムを不断に刷新していかなければならない。企画を練り,それを実行し,その成果を評価するという,いわゆるマネジメント・サイクルに,いかに乗せるかが重要である。企業と比較して難しいことは,第7章で述べたように,この中で,その成果をどのように評価するかである。その評価はとりあえずミッションの達成に貢献しているかどうかである。達成によって,環境あるいは関係者からの信用や信頼を得ているかどうかである。得られなければ,活動そのものが停滞,あるいは後退することがないとはいえない。泡のように消えていくこともありうる。

　泡のように消えないためには,持続のための変革がなければならない。それも絶えざる変革といってもよい。それにはどのような変革があるか。変革には,枠組み,つまりハードウェアを変更するのか,それとも,運用法,ソフトウェアを変更するか,また,

それを構成する人を変更するかという選択肢がある。その重点の置き方に経営革新の基本的な考え方がある。

　枠組みを変更するということは、たとえば、組織に名称をつける、事務所を常置する、ボードを機能させる、あるいは、専任スタッフを雇用するなどである。方向としては、組織の発達に伴いビュロクラシーの考え方を採用する方に向かうことが多い。逆に、それは活動の行き詰まりとして否定的な評価を受けることが多い。活動する員数が多くなるほど、サービスを提供するクライアントが多くなるほど、スケール・メリットを追求するほど、官僚制化は必然とされる。サイズに合わせて、その枠組みがシステマティックになるのは組織の成長として自然の成り行きである。企業でいえば、その負の側面は大企業病である。小さな非営利組織には妥当しないという意見もあるが、小さな集まりが組織立って行動するような過程で、形式化や公式化に伴う病理が散見されることもある。

　組織として成り立つ過程で硬直化に至ることも、組織論では処々で指摘されている。それは運用の方式を変更することで緩和される。たとえば、互いの名前のよび方、規則のつくり方、その遵守の仕方、互いの連絡方法の変更、またコミュニケーションのチャネルの開放などによって、ビュロクラシーの固さ、あるいは病弊を和らげることができる。

　一方でビュロクラシー化、他方でアンチ・ビュロクラシー化というのは、組織論の中の動態化や柔構造化による議論で試みられている。後述するが、この対比は組織化とそこに参加する人たちのメンタリティの競合と重なり合っている。とくに非営利組織では、そのバランスにたえず気遣うことが要諦となる。一方に傾け

ば,非営利組織は環境アクターの支持を失うことは明らかである。そのためには絶えざる組織革新がなければならない。

しかし,マネジメントのバランスだけではない。それを支える人たちの考えや行動の変革も欠かせない。人びとの活動,そこから生まれるアイディアによって成り立つ組織である。人と人の協働がその成果に直結する組織であるといってもよい。したがって,人を活かすこと,最大限,その資質や能力を引き出すモチベーション管理を行うことが大きな経営課題でなければならない。いわゆる人的資源管理は,非営利組織においてこそ必須とされなければならない。

名声の獲得

一般的に組織の存立は,環境から正当性を付与されるかどうかに拠っている。組織に参加している人たちに生きがいを提供しているだけの組織であれば,環境アクターから正当性を与えられるようなことはない。その組織としてあることを環境が認知することが正当性の根拠となる。環境アクターは互いにさまざまに相反する関係にある。多様な利害関係者の集合である。しかも,そのアウトプッツにたいする評価は,立場が変われば違ってくる。ミッションも読み方によって解釈が相違することも多々ある。八方美人的に正当性を得ようとすればするほど,行き場がなくなるようなことも少なくない。非営利組織は環境という大洋に浮かんだ小さな島であり,この組織は海から打ち寄せる波と悪戦苦闘している。穏やかそうに見える海でも,渚(なぎさ)で遊んでいる人たちは,いつ大波が来るのか,用心しなければならない。

正当性は,環境アクターのパワー・ポリティックスの中で争奪されるとすれば,単なる合理性基準だけでは評価されず,経営努

力だけでは得られないこともある。戦略としては，有力なドナーやスポンサーを得ることで，経営基盤を強化することも1つの選択肢である。実際，多くの組織が，行政からの支援，補助金や助成金などを得て，活動しているなどはその例である。しかし，経営の自立を少なからず失い，独自のフィロソフィをもった組織になっていないこともある。行政サービスの下請機関化することも少なくない。それだけで，無用のボランタリー組織に転化すると断じることはできないが，少なくとも当初の前向きのメンタリティを失うことになるであろう。

　明確ではないが，むしろ漠然とした正当性を得る最短の，王道ともいえる方法は名声（reputation）を得ることである。サービスの質が良い，信頼できる，誠意があるなどである。その組織の有効性とは，名声を得ているかどうかである。そのサービスがクライアントやその関係者の信頼や信用を得ているかどうかを見極めることが肝心である。環境から信用や信頼を得ることで，その需要と供給の中で正当性を得て存続できる。

　この場合の正当性は，必ずしも正確に，論旨を一貫させて説明できるものではない。曖昧な，もしかすると風評のたぐいの正当性である。しかし，風評のたぐいであるほど否定するのは難しい。逆に，定義され説明され過ぎると，その論旨を批判することも否定することもやさしくなる。したがって，経営基盤が脆いほど，諸方から信頼や信用を広く集めることによって，その基盤が強化されることになる。逆にいえば，信用できないという風評の広がりが再起を難しくするほど，経営基盤を潰すことになる。

　たとえ自助的な組織であっても，存続するためには，風評的な名声は不要と決めつけることはできない。新しい市民の参入，あ

るいは，新しいサービス資源の獲得などのためには，信用や信頼を，不時のために用意しておく方がよいからである。サービスを拡大してサービス提供組織に衣替えをしようとすれば，必ず環境からの支援が必要になるし，その時点までの風評によって業績が評価されることになる。

現実直視の組織化

欧米においては，宗教に発したボランタリズムの文化的な伝統が確立され，抜き難く社会に埋め込まれている。自信をもった，語義に多少矛盾を含むが，プロフェッショナル・ボランティアがすでに確固として存在していて，組織は，いかにそれを取り込んで，マネジメントするかが真正面から問題とされる。しかし，その欧米でさえも，非営利組織の管理論に関しては，繰り返し理論化され，互いに相違する意見が交わされている。主体性を重視するボランタリズムのメンタリティと，ビュロクラシーに必然的に向かう組織化の2つの原理が，問題なく折り合うようなことは滅多にあることではない。両立するものではない，という根本からその原理を問い直すような議論さえも多々見られる（Handy［1988］）。非営利組織は組織として成り立つのかという，企業組織よりも困難な経営問題を抱えていることを承知すべきであろう。

非営利組織は，いわばファッションといえるような流行のさなかにある。表層だけを見れば，それは理想の組織であるかのような印象を与える。ユートピアが目の前に広がっているような気分にさせられる。善意とか自発的とか自主的などの言葉の響きのよさは，活動を単純に美化したりして，深刻な問題を隠蔽（いんぺい）するようなことがなくはない。一方的な美談の提供だけでは，表層だけに流されてしまうことになる。活動をより深化させるためには，理

想論だけではなく,現実の実態を踏まえた,理論構築作業がなければならない。単純なユートピア待望論は望ましいことではない。市民自らの質の高い活動のためには,むしろ障害になっているのではないか。

現実を直視できる組織を構築すべきである。そのためには,これまで述べてきたように,以下の諸点が重要である。

(1) オープンネスの重視

非営利組織は,境界関係の重要さを認識しなければならない。組織を取り巻く環境はたえず変化している。その動向を正確に捉え,それに誠意をもって応じることが,正当性を得るための最短の方法である。そのためには,閉じられた組織ではなく,境界を挟んで内と外の関係を円滑にするように管理できなければならない。アカウンタビリティは,これと不可分の関係にある。

(2) スタッフと現場ボランティアの協働

組織では,通常,スタッフと現場はそれぞれ特有の論理をもって見解を違え,対立しがちであるが,非営利組織も例外ではない。少なくとも意思の疎通の円滑化をたえず工夫することである。どちらかに偏重した考えは,たとえば,財務重視とか現場重視などのように組織に歪みを招来し,現実を把握できなくなる。考えを互いにすりあわせることによって,新しい視点も生まれる。

(3) 決定の現場化

組織としてはフラットな階層にならざるをえず,その特徴を活かせるように経営しなければならない。サービス現場の雰囲気を敏感に感じ取ることで臨機応変に対応できることが可能になる。それが現実直視を支える最も重要な要件である。個々の市民自らの判断が大切である,しかし,その判断を大切とするためには日

常的なマネジメントが欠かせない。

3 今後の課題

ボランティアの限界

　非営利組織においてボランティアへの期待は大きい。その組織は労働集約的である。ボランティアの熱意の集合が直ちに組織の成果になる。ボランティアはそこで自身の資質や能力を開花させるのである。組織はその機会を与えなければならない。しかし，うまくいかないことも多い。挫折を経験するボランティアもいる。自由意思とはいいながら，ボランティアもストレスと無縁ではない。通常，個人の任意の活動であれば，ストレスを体験する機会は，一般の組織に属する人たちに比べれば少ないと考えられる。何よりもその活動は自主的・自発的であることが行動原理であり，それは本来ストレスの対極にあるからである。しかし，非営利組織の一員になり，その組織が組織としての体裁を整えるほど，ボランティアもまた，組織人として行動する機会も多くなるのである。

　いくらか語義に矛盾をはらむが，組織に所属すると，オーランズによれば，非営利組織には以下のような固有のストレス体験がある（Orlans［1992］）。

(1) 価値意識の相違

　非営利組織は，固有の価値によって成り立つ組織である。それは，企業でいえば強力なコーポレート・カルチャーをもった組織である。それに適合的であるかどうかが，それぞれのボランティアにとって決定的な意味をもつ。その価値を共有しなければ，退

出すればよいではないかといえるが,何かの都合,たとえば,組織化過程で,中心に据えるべき価値の変更が生じた場合,発足時から参加した人たちは退出しにくいということはある。また,文句をいうということにたいしては,価値優先の組織は,コミットメントの欠如として責めることもある。

(2) 管理システムの未整備

これも繰り返しになるが,非営利組織は,相当程度,組織化が進行しても,管理システムを重要視しない傾向がある。ボランティアとは対面的な,いわばインフォーマルなコミュニケーションで十分であるという考えをもっている人も多い。小さい集団であればよいが,大きくなると,これが不都合の原因になる。

官僚制化はストレスの原因になるが,逆に,意思疎通を促すフォーマルなコミュニケーションを通じ,役割や立場を明確に規定することができる。ストレスの原因である,役割葛藤や役割の曖昧さを除去できる。

(3) 無定量無際限のサービス要請

信用や信頼を得,しかも,誠実であろうとすればするほど,送り手は受け手にたいして限りなくサービスを提供しなければならなくなる。いわば,要請が個人のキャパシティを超えるのである。これに熱意をもって対応しようとすると,必ず無理をするようになる。その挙げ句にバーンアウト(燃え尽き症候群,田尾・久保[1996])になってしまう。しかし,ボランティアについては,活動への参加が自らの意思によって決定できるので,看護師やケースワーカーなどのように,バーンアウトが多発する事態は想定できない。

ただし,組織に所属し,主体的あるいは自主的とはいいながら,

組織の目標を取り入れるようになればなるほど，自分の意思どおりにはいかなくなる。しかも，受け手のためにという要請が深刻であるほど，無定量無際限のサービスを提供することになり過重な作業を背負い，ストレスを経験することになる。ボランティアにおけるバーンアウトの報告例としては，リトヴィンとモンクの紹介したものがある（Litwin and Monk [1984]）。ボランティアとはいいながら，かなりの程度の責任を負うことになり，しかも，多大な障害を除去することに精魂を使い果たさなければならない場合にバーンアウトが発生している。

　現時点では，バーンアウトに関する報告例は多くはない。しかし，組織として活動することが一般化すれば，この分野についても関心が高くなることもありうる。

(4) 支援システムの不在

　ボランティア・マネジメント，あるいは，リクルート（人材補充）の問題とも関連するが，ボランティアに必要なのは熱意のみと信じて，その活動の支援システムを考えない組織もある。多くの人たちは，いわば素人(しろうと)として参加する。とまどいも多い。何をしてよいかわからないことも多い。それを教育訓練やメンタリング（Orpen [1995]）などで支えなければならない。とくに技能を必要とするボランティアについては相応の再訓練などの機会を提供しなければ，自信をなくしたり自己概念を喪失したりして，深刻なストレスを経験することになる。

(5) 自立のパラドックス

　ボランティアとは，自主的であり自立的な活動であり，それぞれの個人の内面化された価値，または信念に準拠して行動すべきであるとされる。このことが逆にボランティアをストレスの状況

に追い込むことがある。自立的とは、自らの行為の結果にたいしては自らが責任を負わなければならないことと同義である。これを意識するほど、ストレスを体験することになる。

非営利組織の問題は、その組織はボランティアの集合体であるから、ストレスのような個人的な問題は当事者本人が対処すればよいとするような傾向にあるということにある。組織として成り立った以上、これを組織化の度合いに応じて通常の管理問題の一部として認識することは当然であろう。

しかし、組織化の途上で深刻なストレスを経験することもある。たとえば、役割の分担が曖昧で、何をすればよいのか、どこまですればよいのかなどが周知されないことがある。役割の曖昧さは、ストレス要因として最も深刻である。

また、有給スタッフとボランティアの役割が明瞭でないところについても、ストレスが経験されることになる。

人材として活かすために

繰り返しいえば、非営利組織の業績は、ボランティアを含めた個々の人たちの活動の単純な集合の結果であると考えてよい。個々の人たちが熱心に活動することがそのまま組織の業績の向上に直結する。したがって、質のよいサービス提供のためには、何よりも質のよい人材でなければならないし、質のよい活動でなければならない。そのためには個々の資質や能力の向上は当然、必要なことである。

たとえばボランティアは、誰でもできる、したがって、いわゆる素人が、その熱意さえあれば、いつでもどこでも参加できることを、勧誘のいわば謳い文句にしてきた。しかし、サービス関係が成り立つ以上、そこには責任が生じるようになり、その責任を

遂行するためには,より上質のサービスを持続的に提供しなければならないようになるのも,また当然の成り行きというべきであろう。ボランティア活動に専門的に関与しようとするほど,ボランタリズムはプロフェッショナリズムに転じる。その区分は不分明にならざるをえない。

　どのように,現有の人的資源としてのボランティアの能力や資質の向上を図るのか。コナーズによれば,訓練と再教育が欠かせない（Connors［1995］）。これは一般の組織人と変わりはない。より質のよいボランティアに育てることで組織の効用を大きくしようというのである。ここまで至れば,これが本義のボランティア,あるいはボランタリズムを体現した人たちかという疑問はあるが,組織は本格的な非営利組織になるといえる。単なるボランティアの集団ではなくなる。ボランティアの集団であるとしても,そのボランティア個々の技能の向上は必須である。ここまで徹底すれば,プロフェッションにおける再教育と相違するところはほとんどない。サービスを提供すれば,当然,その内容について責任が生じる。無責任な対応は許されない。その責任はこの社会に占める重要さとともに大きくなる一方である。実際,プロフェッショナル・ボランティアともいうべき人たちが活動に参加するようになった。

　逆に,ボランティアがプロフェッショナルに近づくことによる問題もある。技能による自信を深めて,しかも,ボランティア本来の,組織にたいして帰属しようとしない傾向は,組織よりも自分の都合を優先させるなど不祥事を起こすことがないとはいえない。勝手な行動が目立つというようなことがないとはいえない。実際に,技能だけに注力すると,対人サービスの中で期待された

利他主義的な心性に欠けるようになる。これをなくするための方策は、プロフェッショナルの経営管理でいわれる、同僚による統制（colleague control）しかない。活動している仲間同士が、互いに批評しあうという姿勢を強化する、あるいは、カンファレンスなど会合の機会を多くして、互いの考えや行動を論評しあうということである

> 経営革新の理論構築のために

非営利組織を組織として捉えるという作業は、まだはじまったばかりである。組織の中で主体性を重視しなければならないという、本来、相性がよいとはいえない概念を無理やり結び付けているようなところがある。しかし、組織となった以上、しかも、それが超高齢社会で期待される以上、よりいっそうよい組織に仕立てなければならない。「よい」という語義には、これまで繰り返し論じてきたように、複雑な思いが絡み、理念が絡むので、その言葉が適切であるかどうかについては、さらなる議論を重ねなければならない。しかし、とりあえず、この社会の発展、さらには超高齢社会に意義のある、その社会の存立に寄与できるような組織に仕上げるために、何をすればよいかということである。

そのために、よい組織を成り立たせるために何をどのように考えればよいのか。

(1) 多様性の許容

非営利組織は、組織といいながら、正確にいえば組織としては十分な要件を備えているとはいえない。組織らしい組織から組織とはいえないものまで、その多様さを考えれば、一律の概念、方法論の適用は現実的ではない。「三人寄れば文殊の知恵」のような仲間集団から、国際赤十字社やYMCA、近年のグリーンピース、

国境なき医師団などのようにグローバルな大企業に擬することができるほどの大きな組織まである。ということは，「今日，私は道に迷っている人の道案内をした」という日常の向社会的な行動，いわば行商，個人商店から，何万人もの成員を抱えた巨大組織といった，企業の分散をはるかに超える非営利組織の分散を，同じ枠組みで分析しようという危うさがある。

　しかし，今後，ますます増大するであろう，非営利組織の重要性を勘案すれば，組織論としても放置することはできない。超高齢社会では，非営利組織は必須の組織となることは疑うまでもない。したがって，その現実に合わせて柔軟に概念や方法論を工夫することは焦眉の急ではないかと考える。

　その試みとして，個々のボランティア，そして，ボランティアの集合（アソシエーション）から組織として成り立つ社会的な実体（ビュロクラシー）に至るまでを1つの連続体として捉えることがある。その移行の過程で，その位置に応じて，論点や着目点をどのように変移させればよいかを，その前後と比較しながら考える。多様性を許容するのである。しかし，いくつもの分析枠組みがありながらも，それを一貫させる論理も欠かせないのである。

(2) コスト負担

　非営利組織は，その活動が公的セクターと活動領域が重なり合っている。さらにいえば，その大きなサービス供給システムの枠組みの構造的な変化の中で，互いが補完的な関係にある。一方で，政府や地方自治体の役割が縮小に向かい，必要なパブリック・サービスの全体量がそのままであれば，その縮小分は，非営利組織に転嫁される関係にある。

　つまり，一方の縮小は他方の拡大になる。非営利組織は公共

サービスの一部として機能することになる。公的セクターの代替サービスとなるようなところがある。したがって、第6章で述べたように、公共サービスの提供組織とのパートナーシップがたえず議論されることになる。行政によって、このような組織とのコプロダクション（coproduction）がなされるということになる。少なくとも、この組織がこの社会で期待されるということは、誰もが相応のコスト負担に関わらざるをえなくなったということである。誰もが活動に参加するということは、公共サービスのコストを一部負担するということを意味している。

以上のことを、理論としては、明確に、その中に織り込まなければならない。フリーライダーを、その枠組みの中で排除していくしくみを考えなければならない。それでもなくすることはありえないのだが。

(3) 向社会性への期待

第1章で述べたように、いわゆる市場の失敗が、このような非営利組織を必要とさせている。非営利に経営される組織の方が、品質もサービスもよく、安心して入手できるというのである。提供する人が、利得を多くしようとして不正を働かせるようなインセンティブはもたないからであろう。

したがって、それが提供するもの、あるいは、その提供する組織そのものを信頼に値すると思い込むのである。とくに対人的なサービスでは、不正を見抜く機会はほとんどない。そのサービスを必要とするほど、市場の失敗を避けようとすることになるために、非営利組織は比較的、あるいは場合によって相当程度、戦略的に優位に立つことができる。これを活用することによって、戦略的には、営利組織にたいして優位な立場を保持できる。

Column ⑪　市民社会とともにある非営利組織

　非営利組織が市民社会とともにあるということは非常に重要なことである。多少込み入った議論が必要になるが，それはデモクラシーとともにある。逆をいえば，開発独裁国や独裁国家には自生的にはないということである。いくつもの意見が並び立ち，それから最も好ましい，あるいはそれによって幸せを手に入れる権利が誰にでもある社会で，この組織は誰もが何かをいえることを支えてくれている。すべての人が自由に考え自由に行動し，何かいえば，それにたいして応答が必ずあることを前提とした空間とは，J. ハーバーマスのいう公共圏である。言説の空間である。市民が集うところに公共は存在し，市民が私人として自覚的に（したがって公人となって）行動する社会にあるものを，彼は市民的公共性として概念化している。そこでは，公と私が重なり合い，重なることを自覚して，市民が公論形成のために議論に参加することになる。

　公共圏は，私たちの，積極的に市民社会を構築しようという意図や関心によって成り立っている。この空間に現れるのが非営利組織である。それは誰もが何の制約もなく設立できる。そして，活動できる。何の障害もなくそのメンバーになることができる。メンバーになれば，自らの意図や関心に従って何かができる。デモクラシーはそのような空間がないと実現できない。デモクラシーを内実化するためには，非営利組織の存在そのもの，そしてその活動そのものに意義があると考える。

　しかし，最近，デモクラシーのパラドックスがしばしば議論されるようになった。デモクラシーの恩恵を受けた人たちの身勝手な活動が，この社会を歪めることも少なくない。とすれば，どのようにすれば，デモクラシーの価値と寄り添うことができるのか，それを問うことが，非営利組織の最も重要な課題であり，それを実現させることが，本来の経営管理というべきではないだろうか。

いわば社会にたいする効用を,ただ感情的にではなく,どのように論理的に説明できるかということである。サービス・ロジックの確立である。実績として提示できるかということもある。非営利組織には,社会にたいして何か貢献すべきであると期待されている。それを戦略の中に活かせるかどうかで,存立の合理性が明らかになる。

市民社会のさらなる成熟のために

しかし,以上のような方策は,当面の活動の向上に役立つが,それ以上に,今,この現前にある社会を,どのような社会として捉えるか,その社会が何を必要としているか,それに非営利組織はどのように応えることができるかという社会哲学の領域への踏み込みも必要である。

迫り来る超高齢社会という厳しい現実を想定して,その処方としての管理論であり経営論であるが,非営利組織論は,ただ単なる管理技術論の枠組みを越えるかもしれない。非営利組織が存在するということが,あるいは存在しなければならないということが,この社会をどのように捉えるかということと表裏一体の関係にあるからである。資本主義が株式会社という組織の叢生(そうせい)を促したように,資源が乏しくなる社会は,非営利組織という組織を必要とし,それが林立することを当然とする社会になろうとしている。その社会に私たちはどのように向き合うかを考えなければならない。

その１つの対応策は,それをどのようにマネジメントするかである。もしかすると,従来の経営学や組織論だけでは捉えられないものがあるかもしれない。しかし,捉えるようにすることが,その社会に向けての学問としての使命,本書で説明したミッショ

ンなのである。

•••▶ 練習問題

1. 超高齢社会が到来する。その社会で非営利組織はどのように位置づけられ，どのような活動をすることを期待されているか考えてみよう。
2. 非営利組織の活動は，市民社会の成熟と軌を一にしている。その理由を考えてみよう。
3. 非営利組織は，ミッションの達成に向けられた理想を追求する組織ではあるが，実現のためには，当然とはいえ，現実直視でなければならない。どのようにしてその姿勢を堅持すればよいか考えてみよう。

【さらに深く学ぶために】

田尾雅夫・久保真人［1996］『バーンアウトの理論と実際――心理学的アプローチ』誠信書房

　結果的にいえば，非営利組織の経営は，人的資源であるボランティアを含めた前向きの市民が，いかに積極的に関わるかということにかかっている。その人たちが燃え尽きないように，どこまでも積極的な関与を続けるための要因分析をして，可能な限り熱意が続くための方策を提示している。

田尾雅夫・西村周三・藤田綾子［2003］『超高齢社会と向き合う』名古屋大学出版会

　非営利組織の，近未来における重要性は，超高齢社会への変容と並行することでいっそう明らかになる。少なくとも超高齢社会における深刻な社会問題は，非営利組織の有効活用，またはそれが社会問題を解決するための手段として使えることが明らかになるほど，万能薬ではないが，方策としての意義は発揮できるようになる。本書は，その社会がどのような社会であるかを論じ，さまざまの施策展開を学際的に論じている。

引用・参考文献

イギリス都市拠点事業研究会［1997］『検証 イギリスの都市再生戦略——都市開発公社とエンタープライズ・ゾーン』風土社
今井良広［2005］「イギリスの地域再生とエリア・ベースド・イニシアティブ」吉田忠彦編著『地域とNPOのマネジメント』晃洋書房
桑田耕太郎・田尾雅夫［1998］『組織論』有斐閣
小島廣光［1998］『非営利組織の経営——日本のボランティア』北海道大学図書刊行会
小島廣光［2003］『政策形成とNPO法——問題，政策，そして政治』有斐閣
坂本文武［2004］『NPOの経営』日本経済新聞社
シーズ＝市民活動を支える制度をつくる会［1996］『解説・NPO法案——その経緯と争点』シーズ＝市民活動を支える制度をつくる会
島田恒［2003］『非営利組織研究——その本質と管理』文眞堂
田尾雅夫［1999］『ボランタリー組織の経営管理』有斐閣
田尾雅夫［2001］『ボランティアを支える思想——超高齢社会とボランタリズム』アルヒーフ
田尾雅夫［2003］『成功の技法——起業家の組織心理学』中公新書
田尾雅夫［2004］『実践NPOマネジメント——経営管理のための理念と技法』ミネルヴァ書房
田尾雅夫［2007］『セルフヘルプ社会——超高齢社会のガバナンス対応』有斐閣
田尾雅夫・川野祐二編［2004］『ボランティア・NPOの組織論——非営利の経営を考える』学陽書房
田尾雅夫・久保真人［1996］『バーンアウトの理論と実際——心理学的アプローチ』誠信書房
田尾雅夫・西村周三・藤田綾子［2003］『超高齢社会と向き合う』名古屋大学出版会
谷本寛治・田尾雅夫編著［2002］『NPOと事業』ミネルヴァ書房
出口正之［1993］『フィランソロピー——企業と人の社会貢献』丸善
富沢賢治・川口清史編［1997］『非営利・協同セクターの理論と現実

――参加型社会システムを求めて』日本経済評論社

中島智人［2006］「英国の中間支援組織の現状と支援策（上・下）」『公益法人』第 35 巻第 11・12 号

西村万里子［2007］「地域再生政策とローカル・パートナーシップ」塚本一郎・山岸秀雄・柳澤敏勝編『イギリス非営利セクターの挑戦――NPO・政府の戦略的パートナーシップ』ミネルヴァ書房

日本 NPO センター編［2007］『市民社会創造の 10 年――支援組織の視点から』ぎょうせい

初谷勇［2001］『NPO 政策の理論と展開』大阪大学出版会

林雄二郎・山岡義典編著［1993］『フィランソロピーと社会――その日本的課題』ダイヤモンド社

藤井秀樹［2008］「非営利組織のミッションと財務報告の課題」『非営利法人研究学会誌』vol. 10

藤田和芳［1995］『農業の出番だ！――「THAT'S 国産」運動のすすめ』ダイヤモンド社

藤田和芳［2005］『ダイコン一本からの革命――環境 NGO が歩んだ 30 年』工作舎

堀田和宏［2009］「非営利組織の業績測定・評価に関する多角的アプローチ――組織有効性の測定・評価の包括的フレームワーク」『非営利法人研究学会誌』vol. 11

本間正明編著［1993］『フィランソロピーの社会経済学』東洋経済新報社

森泉章［1977］『公益法人の研究』勁草書房

山内直人［2004］『NPO 入門（第 2 版）』日本経済新聞社（日経文庫）

山岡義典編著［2005］『NPO 基礎講座（新版）』ぎょうせい

山﨑朗編［2002］『クラスター戦略』有斐閣

吉田忠彦編著［2005］『地域と NPO のマネジメント』晃洋書房

吉田忠彦［2006］「NPO 支援センターの類型と課題」『非営利法人研究学会誌』vol. 8

吉田忠彦［2008］「イギリスにおける地域再生政策とボランタリー組織」『商経学叢』（近畿大学）55 巻 1 号，291～297 頁

Aaronson, W. E., J. S. Zinn and M. D. Rosko［1984］"Do For-profit and Non-for-profit Nursing Homes Behave Differently?" *The Gerontologist*, 34, 775-786.

Anthony, R. N. and D. W. Young [1988] *Management Control in Nonprofit Organizations*, 4th ed., Irwin.

Berman, E. M. [1998] *Productivity in Public and Nonprofit Organizations: Strategies and Techniques*, Sage.

Borzaga, C. and J. Defourny eds. [2001] *The Emergence of Social Enterprise*, Routledge.（内山哲朗・石塚秀雄・柳澤敏勝訳『社会的企業——雇用・福祉の EU サードセクター』日本経済評論社，2004年）

Cameron, K. S., M. Kim and D. A. Whetten [1987] "Organizational Effects of Decline and Turbulence," *Administrative Science Quarterly*, 32, 222-240.

Connors, T. D. ed. [1995] *The Volunteer Management Handbook*, John Wiley & Sons.

Daft, R. L. [1995] *Organization Theory and Design*, 4th ed., West Publishing Company.

Drucker, P. F. [1990] *Managing the Non-profit Organization*, Harper Collins Publishers.（上田惇生・田代正美訳『非営利組織の経営——原理と実践』ダイヤモンド社，1991 年）

Evers, A. and J.-L. Laville eds. [2004] *The Third Sector in Europe*, Edward Elgar（内山哲朗・柳沢敏勝訳『欧州サードセクター——歴史・理論・政策』日本経済評論社，2007 年）

Fletcher, K. B. [1992] "Effective Boards: How Executive Directors Define and Develop Them," *Nonprofit Management & Leadership*, 2, 283-293.

Fottler, M. D., H. L. Smith and W. L. James [1981] "Profits and Patient Care Quality in Nursing Homes: Are They Compatible?" *The Gerontologist*, 21, 532-538.

Handy, C. [1988] *Understanding Voluntary Organizations*, Penguin.

Hansmann, H. [1980] "The Role of Nonprofit Enterprise," *The Yale Law Journal*, 89, 835-898.

Hansmann, H. [1990] "The Economic Role of Commercial Nonprofits: The Evolution of the U. S. Saving Bank Industry," in H. K. Anheir and W. Seibel eds., *The Third Sector: Comparative Studies of Nonprofit Organization*, Walter de Gruyter.

Herman, R. D. [1990] "Methodological Issues in Studying the Effectiveness of Nongovernmental and Nonprofit Organizations," *Nonprofit and Voluntary Sector Quarterly*, 19, 293-306.

Herman, R. D. and R. D. Heimovics [1991] *Executive Leadership in Nonprofit Organizations: New Strategies for Shaping Executive-Board Dynamics*, Jossey-Bass. (堀田和宏・吉田忠彦訳『非営利組織の経営者リーダーシップ』森山書店, 1998年)

James, E. and S. Rose-Ackerman [1986] *The Nonprofit Enterprise in Market Economics*, Harwood Academic Publishers. (田中敬文訳『非営利団体の経済分析――学校, 病院, 美術館, フィランソロピー』多賀出版, 1993年)

Kanter, R. M. and D. V. Summers [1987] "Doing Well While Doing Good," in W. W. Powell ed., *The Nonprofit Sector: A Research Handbook*, Yale University Press.

Lipsky, M. [1980] *Street-level Bureaucracy: Dilemmas of the Individual in Public Services*, Russel Sage. (田尾雅夫・北大路信郷訳『行政サービスのディレンマ――ストリート・レベルの官僚制』木鐸社, 1986年)

Litwin, H. and A. Monk [1984] "Voluntary Ombusman Burnout in Long Term Care Services: Some Causes and Solutions," *Administration in Social Work*, 8 (1), 99-110.

Macmillan, I. [1983] "Competitive Strategies for Not-for-profit Agencies," *Advances in Strategic Management*, 1.

Mason, D. E. [1984] *Voluntary Nonprofit Enterprise Management*, Plenum Press.

Mintzberg, H. [1983] *Structure in Fives: Designing Effective Organizations*, Prentice-Hall.

Nyman, J. and D. Bricker [1989] "Profit Incentives and Technical Efficiency in the Production of Nursing Home Care," *Review of Economics and Statistics*, 71, 586-601.

O'Brien, I., B. Saxberg and H. Smith [1983] "For-profit or Nonprofit: Does It Matter?" *The Gerontologist*, 23, 341-348.

Orlans, V. [1992] "Stress in Voluntary and Non-profit Organizations," in J. Batsleer et al. eds., *Issues in Voluntary and Non-profit Man-*

agement, Addison-Wesley.

Orpen, C. [1995] "The Effects of Mentoring on Employees' Career Success," *Journal of Social Psychology*, 135, 667-668.

Oster, S. M. [1995] *Strategic Management for Nonprofit Organizations*, Oxford University Press.（河口弘雄監訳『NPOの戦略マネジメント――理論とケース』ミネルヴァ書房，2005年）

Ott, J. S. [2001] *Understanding Nonprofit Organizations: Governance, Leadership and Management*, Westview Press.

Porter, M. E. [1980] *Competitive Strategy*, Free Press.（土岐坤・中辻萬治・服部照夫訳『競争の戦略』ダイヤモンド社，1982年）

Porter, M. E. [1998] *On Competition*, Harvard Business School Press.（竹内弘高訳『競争戦略論Ⅰ・Ⅱ』ダイヤモンド社，1999年）

Provan, K. G. [1983] "The Federation as an Interorganizational Linkage Network," *Academy of Management Review*, 8, 79-89.

Putnam, R. D. [1993] *Making Democracy Work: Civic Traditions in Modern Italy*, Princeton University Press.（河田潤一訳『哲学する民主主義――伝統と改革の市民的構造』NTT出版，2001年）

Robbins, S. P. [1990] *Organization Theory: Structure, Design, and Applications*, 3rd ed., Prentice-Hall.

Robinson, M. K. [2001] *Nonprofit Boards That Work: The End of One-size-fits-all Governance*, John Willy & Sons.

Rose-Ackerman, S. ed. [1986] *The Economics of Nonprofit Institutions: Studies in Structure and Policy*, Oxford University Press.

Ryan, J. E. [1980] "Profitability in the Nonprofit Environment," *Journal of Systems Management*, 31 (8), 6-10.

Salamon, L. M. and H. K. Anheier [1996] *The Emerging Nonprofit Sector: An Overview*, Manchester University Press.（今田忠監訳，鈴木崇弘ほか訳『台頭する非営利セクター――12カ国の規模・構成・制度・資金源の現状と展望』ダイヤモンド社，1996年）

Sasser, W. E. [1976] "Match Supply and Demand in Service Industries," *Harvard Business Review*, 54 (6), 133-140.

Saxenian, A. [1994] *Regional Advantage: Culture and Competition in Silicon Valley and Route 128*, Harvard University Press.（大前研一訳『現代の二都物語――なぜシリコンバレーは復活し，ボストン・

ルート128は沈んだか』講談社, 1995年)

Skelcher, C. [1998] *The Appointed State: Quasi-governmental Organizations and Democracy*, Open University Press.

Steinberg, R. A. [1987] "Nonprofit Organizations and Market," in W. W. Powell ed., *The Nonprofit Sector*, Yale University Press.

Stuart, W. and W. Hall [1994] *EGO Trip: Extra-Governmental Organisations in the United Kingdom and their Accountability*, Human Rights Centre.

The Peter F. Drucker Foundation for Nonprofit Management and G. J. Stern [1998] *The Drucker Foundation Self-assessment Tool*, Jossey-Bass. (田中弥生監訳『非営利組織の成果重視マネジメント —— NPO・行政・公益法人のための「自己評価手法」』ダイヤモンド社, 2000年)

The HM Treasury [2002] *The Role of the Voluntary and Community Sector in Service Delivery: Cross Cutting Review*.

The Home Office [2004] *Change Up: The Cross-government Framework on Capacity Building and Infrastructure in the Voluntary and Community Sector*.

Thompson, J. D. [1967] *Organizations in Action: Social Science Bases of Administrative Theory*, McGraw-Hill. (高宮晋監訳, 鎌田伸一・新田義則・二宮豊志訳『オーガニゼーション・イン・アクション——管理理論の社会科学的基礎』同文舘出版, 1987年)

Ullman, S. G. [1987] "Ownership, Regulation, Quality Assessment, and Performance in the Long-term Health Care Industry," *The Gerontologist*, 27, 233-239.

Weick, K. E. [1976] "Educational Organizations as Loosely Coupled Systems", *Administrative Science Quarterly*, 21, 1-19.

Weisbrod, B. A. [1977] *The Voluntary Nonprofit Sector*, Lexington Books.

Yergin, D. and J. Stanislaw [1998] *The Commanding Heights: The Battle between Government and the Marketplace That Is Remaking the Modern World*, Simon & Schuster. (山岡洋一訳『市場対国家——世界を作り変える歴史的攻防 上・下』日本経済新聞社〔日経ビジネス人文庫〕, 2001年)

索　引

◆ アルファベット

AARP　115
CSO　23
CSR　159, 176
EGO　27
FMO　137
NGO（非政府組織）　9, 11
NPM　→ニュー・パブリック・マネジメント
NPO　8, 9
NPO サポートセンター　25
NPO 事業サポートセンター　25
NPO 法人　7, 18
PDCA サイクル　184
PDS サイクル　184
PFI　148
PPM　129
PPP　27, 148
SWOT 分析　136, 137
VCO　23
VCS　23

◆ あ 行

アウトソーシング　147, 151
アカウンタビリティ　65, 198
アソシエーション　23, 49, 205
アドボカシー　17, 104
アドホクラシー　85-87
天下り　152
アロンソン，W. E.　91
アンソニー，R. N.　87

アンチ・ビュロクラシー化　194
アントレプルナー　36, 39, 41, 43, 44
　──の熱意　45-47
アントレプルナーシップ　39, 43, 44, 103
アンブレラ組織　26
暗黙知　103
意思決定　36, 38, 42, 51, 119, 167
　集合的な──　48
遺　贈　124
委　託　151
一般財団　7, 18
一般社団　7, 18
イデオロギーによる管理　94
イベント　176, 177
違法性　181
インターミディアリー組織　26
インドクトリネーション　75, 93, 100
インフラストラクチャー組織　24
ウルマン，S. G.　91
運　動　17, 157
影響力　38
営利組織　87
　──との競合　89
営利という基準　87
エコロジー運動　158
エージェンシー　157
大きな政府　151, 158
オブライエン，I.　91

オープン性　160, 169, 198
オーランズ, V.　199
オルタナティブ　17, 165

◆ か 行

会員奉仕組織　8
外郭団体　152, 164
会計情報　108
改善　184
階層分化　53
会費　124, 170
会費収入　176
外部アクター　56
外部主体への依存　170
カウンター・カルチャー　158
価値観　17
学校法人　7, 18
葛藤関係　54
活動のアピール　176
ガバナンス　20, 21, 65-67, 170
ガバナンス論　64
株式会社　12, 21
カリスマ　39, 40, 47, 103
環境　114
環境アクター　93, 195
環境適応　116, 190
監事　20
官設民営　27
カンター, R. M.　88
カンファレンス　94, 204
管理　4
管理コア　45, 46
管理システム　200
官僚制化　97, 194, 200
企業（組織）　2, 35, 62, 120
──とのタイアップ　176
──の慈善的活動　159
企業CSR活動との共同プログラム　176
企業戦略　128
起業段階　36
企業の社会的責任論　157, 159
規制緩和　152, 159
機動性　150
寄付　124, 159, 170, 173, 174, 176
寄付金控除　19
寄附行為　20
キャンペーンGM　156
教育　95
教育訓練　76, 201
共益的組織　8
境界管理　96
境界担当者　96
共済組合　7, 23
行政改革　147, 152, 153
行政機関　2, 4
行政組織　118
行政と非営利組織との関係　149
行政と非営利組織とのパートナーシップ　153
行政のスリム化　153
行政部門の非効率性　151
業績尺度　121
競争上のポジション　130
競争戦略　129
競争優位性　128, 129
協調戦略　132
協働　146, 150, 153, 162, 164, 195
協同組合　7, 23, 55
協働システム　48

協働メカニズム　50
許認可　151
クアンゴ　27
クライアント　37, 60, 62, 90, 100, 104, 122
クラスター　140
グラスルーツ　23
訓練　203
経営革新　194
経営活動　184
経営幹部　43
経営資源　37, 65, 114, 118, 145, 167
経営者　39, 44
　——の役割　179
経営戦略　90
経営分析手法　182
計画の見直し　184
軽減税率　19
形式化段階　36, 47
契約の失敗　15, 90
ケインズ経済学　151, 153, 158
権限委譲　98
研修　99
現場　44, 53, 54
　——の意思　51
現場重視　103
　——のマネジメント　98
現場ボランティア　198
コア・コンピタンス　135
公益財団　7, 18, 19
公益事業　150
公益社団　7, 18, 19
公益的組織　8
公益認定　19
公益法人　7, 18, 19

　——制度改革　152
講演会　177
公害　156
交換　121, 122
合議　48
公企業　6
公共圏　207
公共サービス　205
公共奉仕組織　8
公式性　50, 51
公私混合体　27, 164
向社会的な貢献　63, 205
更生保護法人　7, 18
構造化　50, 51, 54
硬直化　194
公的セクター　205
公的部門の組織　3
合弁的事業　164
合法性　181, 182
公（官）民パートナーシップ　146
合理性　60, 65 – 67
　経済的——　66
　社会的——　66, 68
顧客　62, 171
国有企業　6
国連 NGO　12
コスト・リーダーシップ戦略　131
コナーズ, T. D.　203
コープテーション　133
コプロダクション　206
個別事業の戦略　129
コーポレート・ガバナンス　21, 64, 66
コミュニケーション　52, 53

索引　219

──・チャネルのマトリックス化
　　　　100
　コミュニティ　141
　混合組織　27
　コントロール・システム　36
　コンプライアンス　65

◆ さ 行

再教育　99, 203
財産目録　111
財　団　159, 174
財団法人　164
サクセニアン, A.　140
サーコ社（イギリス）　157
サード・セクター　8, 23
サービス　59, 134
　　──の受け手と支払い手の分離
　　　14
サービス・コア　45, 46
サービス組織　97
サービス・ロジック　208
サブ目標　36
差別化戦略　41, 131
サマーズ, D. V.　88
サラモン, L.　26
産官学連携　146
産業集積　139
参入障壁　152, 191
私企業　4
事業型財団　176
事業活動　184
事業継続性　181, 182
事業構造の戦略　128
事業効率性　181, 182
事業選択　171
事業報告書　111

資金調達　168
資源調達　56, 118
資源提供者　173
自己責任　119
自己評価　123, 180
支持獲得　176
市場化テスト　157
市場の失敗　6, 14, 206
市場メカニズム　6
執　行　38
指定管理者制度　152
指定法人制度　152
地場産業　141
自発性　33
市民 NGO 企業　12
市民運動　156
市民活動　165
市民活動団体　11, 23
市民公益団体　23
市民社会　207
市民団体　165
市民的公共性　207
事務局長　20
社員総会　20
社会関係資本　141
社会起業家　39
社会的企業　7, 23, 155
社会的経済　8
社会的費用　156
社会哲学　208
社会福祉法人　7, 18
社団法人　164
収益性事業　170
集　会　2
宗教法人　7, 18
集　合　37

集合化段階　36
集合戦略　132
柔構造化　194
収支計算書　111
集　積　140
集　団　34, 37
集中戦略　131
柔軟性　18, 150
住民運動　156
住民参加　153
準拠の気持ち　104
準メンバー　100
ジョイント・ベンチャー　132
渉外担当者　96
消費者運動　156
情報公開　65
情報の非対称性　14, 89
助　成　124
助成型財団　176
助成金　170, 176
ジョンズ・ホプキンス大学非営利セクター国際比較プロジェクト　26
自律性　139
人材の吸収　133
人的資源管理　107, 195
人的資源の確保　99, 134
人的ネットワーク　140
シンボルの操作　96
人　脈　177
信　用　61
衰退段階　37
スケール・メリット　37, 194
スタッフ　38, 53, 74, 198
ステークホルダー　65, 160, 169
ストリート・レベルのビュロクラシー　98, 104
ストレス　199, 202
スペシャリスト　87
成員性　85
成熟段階　36
税制上の優遇　18
正当性　181, 182, 195
制度環境　190
政府系組織　152
政府による制度の選択・設定　126
政府の失敗　15
セミナー　177
セルフヘルプ集団　78
先駆性　18, 150
専務理事　20
専門性　150, 155
戦　略　37, 190
戦略的行動　117
戦略的提携　132
総主事　20
贈　与　121, 122, 162
組　織　2, 34, 37, 42, 46-49, 52, 66-68, 81, 113, 127, 135, 181, 182, 190, 204
——と環境の相互作用　116
——の慣性　126, 130
——の境界　48
——の全体戦略　128
——の透明性　64
——の発達　39, 194
組織化　45, 51, 55, 64, 197, 200
組織間関係　125
組織境界　100
組織均衡　106
組織クラスター　190

組織人　192, 199, 203
組織レベルのSWOT分析　137
組織論　190, 205
ソーシャル・アントレプルナー　39
ソーシャル・キャピタル　141
ソーシャル・リアリティ　96

◆ た　行

第一層組織　24
代継承　46, 47
第三セクター　23, 164, 190
貸借対照表　111
対人的な影響関係　102
第二層組織　24
代表理事　20
多角化　120, 128
妥当性　181
ダフト, R. L.　48
多様性　17, 18
地域社会　101
地域戦略パートナーシップ（イギリス）　154
地域通貨　176
地縁団体　2
地方公営企業　6, 7
中間支援組織　24 - 26
中心性　50, 51
超高齢社会　189, 204, 208
チラシ　176
定　款　20
適格性　18, 181, 182
撤退障壁　191
デモクラシー　207
動員性　39, 40
動機づけ　105, 107

動態化　194
同僚による統制　204
討論会　177
特殊法人　6, 152
特定非営利活動法人　7, 18, 25
　　認定――　19
ドメイン　55, 62, 70, 77, 79, 92
ドラッカー, P. F.　68, 69
取引費用　15

◆ な　行

内部環境　116
内部補助　129
ナイマン, J.　91
ナショナル・インフラストラクチャー組織　26
ナショナル・センター　26
ナーシング・ホーム　91
日本NPOセンター　25
入会勧誘　176
ニューズレター　176
ニュー・パブリック・マネジメント（NPM）　27, 157
ネーダー, R.　156
ネット募金　176
ネットワーキング　23
ネットワーク　24, 100, 135, 177
　　――の範囲　139
　　戦略としての――　136
ネットワーク間競争　136
ネットワーク組織　56, 137
ネットワーク・レベルのSWOT分析　137

◆ は　行

ハイブリッド組織　27

パットナム, R. D.　141
パートナーシップ　27, 92, 146, 148, 150, 153, 206
パネル・ディスカッション　177
ハーバーマス, J.　207
パフォーマンス・ギャップ　103
パブリック・サポート・テスト　19
パブリック・ビジネス　159
ハーマン, R. D.　80
バーンアウト　200
阪神・淡路大震災　25
ハンスマン, H.　90
ピア・レビュー　187
非営利セクター　23
非営利組織
　——とクライアントとの関係　122
　——の行動を規定するベクトル　125
　——の定義　3
非営利の限界　55
非営利の利点　89
非営利法人　7
ヒエラルキー　47, 53, 98, 99, 101
ビジョン　48, 70
　——の変更　78
非政府組織　→NGO
一株主運動　156
ヒューマン・サービス　133
ビュロクラシー　37, 47, 49, 50, 86, 97, 102, 194, 197, 205
　——・システム　36
　——の管理手法　74
ビュロクラシー・モデル　51

ビュロ・フィロソフィ　192
評　価　60, 193
評価項目　181
評価指標　183
評価主体　180
評価フィードバック　183
評価問題　179
評議員　20
ファンド・レイザー　174
ファンド・レイジング　173, 176
フィードバック情報　180, 184－186
フィランソロピー　91, 159
フェスティバル　177
フォロワー　38, 102
複眼的なシステム　155
副　業　170
複雑性　50, 51
福祉国家論　151, 153
フラット化　99
プラットフォーム　28, 164
フリーライダー　206
フルセット戦略　134
フレッチャー, K. B.　81
プローヴァン, K. G.　137
プログラムの魅力度　130
プロフェッショナリズム　98, 203
プロフェッショナル・ビュロクラシー　86
プロフェッショナル・ボランティア　99, 197, 203
フロントライン組織　24
文書化　36, 52
ベスト・プラクティス　181, 186
ベンチ・マーキング　181, 187

募金活動　174
補助金　124, 170, 176
ポーター，M. E.　131, 140
ボード（理事会）　20, 36, 38, 47, 49, 52, 54, 79
　　──のマネジメント　82
　　──の役割　80, 81
ホームページ　176
ほら吹き　40
ボランタリー活動　33
ボランタリズム　32, 107, 197, 203
ボランタリー・セクター　23
ボランタリー組織　10, 23
ボランティア　9, 10, 32, 33, 46, 99, 199, 202
　　──の熱意　47
　　──のメンタリティ　64
ボランティア・マネジメント　201
本来事業　170, 172

◆ ま　行

マクミラン，I.　131
まちづくり活動　163
マネジメント　20, 32, 35, 37, 39, 44, 46, 55, 60, 63 - 66, 72, 92, 101, 190, 192, 204
　　──の困難さ　88
　　──の特異性　92
　　解釈的──　95
マネジメント・コントロール　94
マネジメント・サイクル　193
マルチ・ステイクホルダー　22, 162
マルチ・セクター・パートナーシップ　146
マルチ・セクター・プラットフォーム　28, 165
ミッション　1, 16, 21, 40, 45, 48, 68 - 70, 72, 73, 76, 79, 81, 93, 119, 125
　　──にもとづいた組織　2
　　──の見直し　77
　　方便としての──　74
みなし寄付金　19
民営化　147
民間組織　3, 167
民間の自発性　9
ミンツバーグ，H.　86
無償　33
名声　61, 132, 196
メセナ　91, 159
メーソン，D. E.　62
メタ・ミッション　75
免税資格　19
メンタリティ　192, 196, 197
メンタリング　94, 201
燃え尽き症候群　200
目標志向　48
モチベーション　104
モチベーション管理　105, 107, 195
モンク，A.　201

◆ や　行

役割　36, 37
　　──の曖昧さ　200, 202
　　──の固定化　97
役割葛藤　43, 200
役割期待　47
役割構造　38

役割負担　43
役割分化　53
ヤング，D. W.　87
有機農業運動　12
ユニークネス　41
余剰資源　127, 129

◆ら　行

ライアン，J. E.　61
ライバルづくり　41
ライン　53
ラポール　98
利　益　120, 183
利害関係者　160
リクルート　106, 201
理　事　20, 132, 133, 178
理事会　→ボード
理事長　20
リスク　174
リスク・テーキング　42
リソースの多様性　162
リーダー　37, 38
リーダーシップ　76, 102, 106
利他性　33
リトヴィン，H.　201
ルース・カップリングな組織　97
ルーティン　39, 43, 44, 45
連合体　137
連　邦　137
ロビンス，S. P.　86

●著者紹介

田尾雅夫(たお まさお)　京都大学名誉教授
吉田忠彦(よしだ ただひこ)　近畿大学経営学部教授

非営利組織論
Introduction to Non-profit Organization

ARMA 有斐閣アルマ

2009 年 11 月 5 日　初版第 1 刷発行
2024 年 11 月 10 日　初版第 11 刷発行

著　者	田　尾　雅　夫
	吉　田　忠　彦
発行者	江　草　貞　治
発行所	株式会社　有　斐　閣

郵便番号　101-0051
東京都千代田区神田神保町 2-17
https://www.yuhikaku.co.jp/

印刷　萩原印刷株式会社・製本　牧製本印刷株式会社
©2009, Masao Tao, Tadahiko Yoshida. Printed in Japan
落丁・乱丁本はお取替えいたします。
★定価はカバーに表示してあります。

ISBN978-4-641-12389-2

JCOPY　本書の無断複写(コピー)は、著作権法上での例外を除き、禁じられています。複写される場合は、そのつど事前に(一社)出版者著作権管理機構(電話03-5244-5088, FAX03-5244-5089, e-mail:info@jcopy.or.jp)の許諾を得てください。